Wir neu A1.1

Grundkurs Deutsch für junge Lernende

Lehr- und Arbeitsbuch mit Audios

Ernst Klett Sprachen
Stuttgart

Wir neu A1.1
Grundkurs Deutsch für junge Lernende

Symbole im Buch

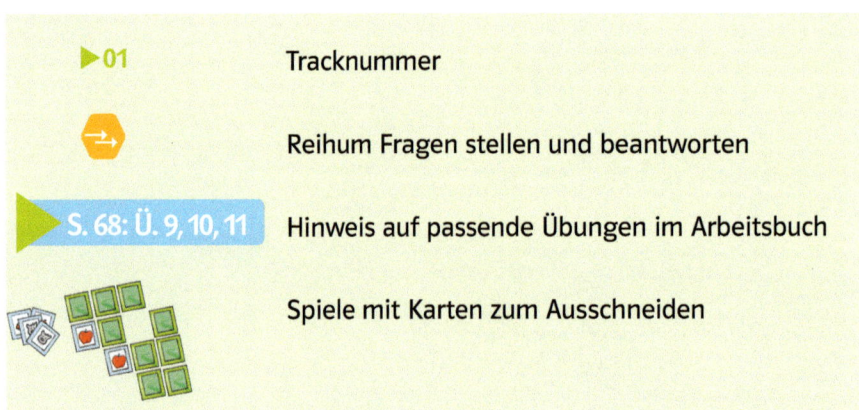

▶01	Tracknummer
⬡	Reihum Fragen stellen und beantworten
S. 68: Ü. 9, 10, 11	Hinweis auf passende Übungen im Arbeitsbuch
🂠	Spiele mit Karten zum Ausschneiden

Zu diesem Buch gibt es Audios, die mit der Klett-Augmented-App geladen und abgespielt werden können.

| Klett-Augmented-App kostenlos downloaden und öffnen | **Seiten mit Audios** scannen | Audios laden, direkt nutzen oder speichern |

📖 Scannen Sie diese Seite für weitere Komponenten zu diesem Titel.

Apple und das Apple-Logo sind Marken der Apple Inc., die in den USA und weiteren Ländern eingetragen sind. App Store ist eine Dienstleistungsmarke der Apple Inc. | Google Play und das Google Play-Logo sind Marken der Google LLC.

 Der Umwelt zuliebe!

1. Auflage 1 ⁹ ⁸ ⁷ | 2024 2023 2022

Alle Drucke dieser Auflage können nebeneinander benutzt werden, sie sind untereinander unverändert. Die letzte Zahl bezeichnet das Jahr des Druckes.

Das Werk und seine Teile sind urheberrechtlich geschützt. Jede Nutzung in anderen als den gesetzlich zugelassenen Fällen bedarf der vorherigen schriftlichen Einwilligung des Verlages.

© Loescher Editore S.r.L., Torino, erste Ausgabe 2002, Giorgio Motta, Wir
   Für die internationale Ausgabe © 2013 Ernst Klett Sprachen GmbH, Stuttgart (erste Ausgabe 2003)

Internetadresse: www.klett-sprachen.de

Bearbeitung und Redaktion: Eva-Maria Jenkins-Krumm, Wien; Coleen Clement, Berlin
Umschlaggestaltung, Layoutkonzeption: Sigi Hasel, designcomplus, Weilheim/Teck
Illustrationen: Agge Schlag, Köln
Herstellung, Gestaltung und Satz: Katja Schüch, Kirchheim/Teck
Reproduktion: Meyle + Müller GmbH + Co.KG, Pforzheim
Druck: Elanders GmbH, Waiblingen

ISBN 978-3-12-675870-3

Modul 1: Ich, du, wir ... — Seite 5

Lektion 1:	Kommunikation	Grammatik	Texte, Spiele, Lieder — Seite 6
Hallo!	• Hallo, wie heißt du? • Grüß dich, wer bist du? • Wie alt bist du? • Zählen von 1 - 20	• Präsens von *heißen* und *sein*: 1. + 2. Person Singular • Aussagesatz • Fragesätze: *Wer? Wie?*	• Wir stellen uns vor. • Würfelspiel • Dialogpuzzle • Lied: *Hallo, Leute, guten Tag!*
Lektion 2:			**Seite 12**
Das ist meine Familie	• Das ist meine Familie. Das ist mein Vater, das ist meine ... • Das ist der Onkel von ... • Wie heißt deine Schwester? – Sie heißt Tina.	• Präsens von *heißen* und *sein*: 3. Person Singular + Plural • Personalpronomen 3. Person Singular + Plural • der bestimmte Artikel *der, die / die* (Plural) • die Präposition *von* • Possessivartikel: *mein / meine, dein / deine*	• Familienfoto erklären • Stammbaum • Familien-Memory • Kreuzworträtsel • Lied: *Das ist meine Tante Frieda ...*
Lektion 3:			**Seite 18**
Hast du Geschwister?	• Hast du Geschwister? – Ja, ich habe eine Schwester. • Ich habe keine Kinder. • Ich bin nicht verheiratet. • Wie ist ... ? Sie / Er ist nett. • Wie ist deine Telefonnummer? • Wie heißen Sie? • Wie alt sind Sie? • Zählen von 21-1000	• Präsens von *haben*: 1. und 2. Person Singular • die höfliche Form *Sie*	• Buchstabenspiel • Interviews • Zickzack-Dialog • Lied: *Hast du Geschwister? – Ja, eine Schwester.*
Lektion 4:			**Seite 25**
Wo wohnt ihr?	• Wie viele seid ihr zu Hause? • Wo wohnst du? / Wo wohnt ihr? – In Augsburg. • Wo liegt das? Wie ist deine Adresse? • Hast du auch eine E-Mail-Adresse?	• Präsens der Verben *sein, wohnen, heißen* • Fragesätze: *Wer? Wie? Wie alt? Wie viele? Wo?* (W-Fragen) • Fragesätze: *Hast du ... ?* (Ja / Nein-Fragen) • Fragewort: *Wo?* • Präpositionen *in, bei*	• Interview • Landkarte • Städte-Memory • Dialogpuzzle • Auskunft

Wir trainieren ... — Seite 32
- hören: Kurzinterviews: Was stimmt?
- lesen: Zwei junge Leute stellen sich vor: Was stimmt?
- schreiben: Leute vorstellen, die eigene Familie vorstellen
- sprechen: Minidialoge mit Karten; Zickzack-Dialog

Grammatik — Seite 36
1. Verben Präsens (1) • 2. Personalpronomen (1) • 3. du-Form / höfliche Form • 4. Aussagesatz • 5. Fragesätze •
6. Das Fragewort *wer?* • 7. Präpositionen *in, bei, von* • 8. Der bestimmte Artikel • 9. Der Possessiv-Artikel (1) • 10. Die Zahlen

Teste dein Deutsch: Wortschatz und Grammatik — Seite 40

Modul 2: Bei uns zu Hause Seite 41

Lektion 1:	Kommunikation	Grammatik	Texte, Spiele, Lieder Seite 42
Das Haus von Familie Weigel	• Das ist die Küche. Sie ist praktisch. • Wie ist das Wohnzimmer? – Es ist gemütlich. • Ist das ein Bett? – Nein, das ist kein Bett (, sondern ein Sofa). • Was ist das? – Das ist …	• bestimmter und unbestimmter Artikel *der, die, das, die ein, eine, ein, –* • Negation *nicht / kein* • Fragewort *Was (ist) … ?* • Demonstrativpronomen: *Das (ist)* …	• Wohnungsbeschreibung • Ratespiel • Farbenspiel • Möbel-Memory • Silbenrätsel • Lied: *Na, was ist denn das? – Eine Lampe?*
Lektion 2:			Seite 50
Ein Besuch	• Wie geht's dir? • Wie geht's Ihnen? • Mir geht's gut, danke. • Was möchten Sie trinken? – Ich möchte eine Tasse Kaffee. • Und was trinkst du? Eine Cola? – Nein, ich trinke lieber ein Glas Milch.	• Formen von *möchte*: • Was möchtest du / möchten Sie essen? – Ich möchte einen / eine … • Ich möchte lieber … • Personalpronomen: *mir, dir, Ihnen*	• Begrüßung • einem Gast etwas anbieten • Dialogpuzzle • Lied: *Hallo, Jakob*

Wir trainieren … Seite 56

- hören: Fragen und Antworten zuordnen
- lesen: Elena stellt sich vor: Was stimmt?
- schreiben: Das eigene Zimmer beschreiben
- sprechen: Zickzack-Dialog

Grammatik Seite 58

1. Personalpronomen (2) • 2. Bestimmter und unbestimmter Artikel • 3. Die Fragewörter *wer?* und *was?* • 4. Die Negation *nicht / kein* (1) • 5. Wie geht's? • 6. Ich möchte … • 7. Satzstruktur

Arbeitsbuch

Modul 1	Lektion 1	Seite 61	Modul 2	Lektion 1	Seite 89
	Lektion 2	Seite 66		Lektion 2	Seite 94
	Lektion 3	Seite 69		Wortschatz	Seite 99
	Lektion 4	Seite 75			
	Wortschatz	Seite 82			

Lösungen: Teste dein Deutsch Seite 104

MODUL 1

Ich, du, wir …

Du lernst …

- grüßen
- dich und deine Familie vorstellen
- Fragen stellen
- Zahlen 1 – 1000
- Lieder auf Deutsch

Du lernst Familie Weigel aus Augsburg kennen.

Modul 1 · Lektion 1 · Hallo!

Hallo! Ich heiße Stefan. Wie heißt du?

Grüß dich! Ich bin Tina. Wer bist du?

Miauuuu, miauuul! Und ich heiße Mautzi.

1 Was sagen sie? Hör zu. ▶01

2 Lies und ergänze dabei.

Bausteine

grüßen	Hallo!	
	Grüß … !	
fragen	Tina:	Wer bist … ?
	Stefan:	Wie heißt … ?
sich vorstellen	Tina:	Ich bin …
	Stefan:	Ich heiße …

3 Spielt Minidialoge.

6 sechs

4 Reihenübung: Fragt und antwortet.

Ich heiße Tobias. Wie heißt du? → Ich heiße Markus. Wie heißt du? → …
Ich bin Andrea. Wer bist du? → Ich bin Helena. Wer bist du? → …

Heißt du Uwe? → Nein, ich heiße Markus / Ja, ich heiße Uwe.
Heißt du Monika? → Ja / Nein, …

Grammatik
Ich heiße …   Ich bin …
Du heißt …   Du bist …

5 Namen für Mädchen, Namen für Jungen: Mach zwei Listen.

Andrea	Karin	Martin	Stefan	Marion	Andreas	Simone
Gabriele	Ute	Udo	Uwe	Jörg	Ulrike	Steffi
Johanna	Jutta	Anke	Klaus	Tobias	Hans	Sabine

▶ S. 61-62: Ü. 1, 2, 3

6 Hör zu: Wer ist das? ▶02

1.   2.   3.   4.

a. Petra   b. Herr Lange   c. Frau Bauer   d. Thomas

Foto 1 ist …

7 Hör noch einmal Übung 6 und sprich nach. ▶03

8 Hör zu und sprich nach. ▶04

Zahlen 0-12

| 0 | 1 | 2 | 3 | 4 | 5 | 6 |
| null | eins | zwei | drei | vier | fünf | sechs |

| 7 | 8 | 9 | 10 | 11 | 12 |
| sieben | acht | neun | zehn | elf | zwölf |

sieben

Modul 1 – Lektion 1

9 Ein Spiel mit zwei Würfeln: Spielt zu zweit.
Nennt beide eine Zahl und würfelt danach. Wer ist näher dran?

10 Hör zu und sprich nach. ▶05

Zahlen 13–20

13	14	15	16
dreizehn	vierzehn	fünfzehn	sechzehn
17	18	19	20
siebzehn	achtzehn	neunzehn	zwanzig

11 Welche Zahlen hörst du? ▶06

Spiel 1:	1	2	3	4	5	6	7	8	9	10
	11	12	13	14	15	16	17	18	19	20
Spiel 2:	1	2	3	4	5	6	7	8	9	10
	11	12	13	14	15	16	17	18	19	20
Spiel 3:	1	2	3	4	5	6	7	8	9	10
	11	12	13	14	15	16	17	18	19	20

▶ S. 62–63: Ü. 4, 5

12 Was sagen sie? Hör zu. ▶07

13 Lies und ergänze dabei.

Bausteine

fragen	antworten
Wie alt bist du, Tina?	→ Ich …
Und du, Stefan?	→ Ich …

14 Spielt Minidialoge.

15 Reihenübung: Fragt und antwortet.

⇄ Ich bin 10. Wie alt bist du? → Ich bin 11. Wie alt bist du? → …

16 Dialogpuzzle: Schreib den Dialog in dein Heft.

Tschüs!   Hallo!   Ich heiße Thomas.

Grüß dich!   Wie heißt du?

Auf Wiedersehen!   Ich bin 12.

Wie alt bist du?

● Hallo!
● Grüß dich!
● Wie …

17 Spielt den Dialog.

S. 64–65: Ü. 6, 7, 8

neun 9

18 Wer sind sie? Wie alt sind sie? ▶08

1.

2.

3.

4.

	1	2	3	4
Name	…	…	…	…
Alter	…	…	…	…

Wortschatz wiederholen!

19 Was passt zusammen?

1. Ich
2. Und wie
3. Hallo, ich bin
4. Und wer
5. Wie alt
6. Ich bin
7. Grüß dich,
8. Auf

a. Wiedersehen.
b. Stefan.
c. bist du?
d. Tina.
e. heiße Thomas.
f. bist du?
g. heißt du?
h. 12.

20 Spielt zu dritt: Stefan, Tina, Thomas

Hallo, ich bin …

21 Ergänze die Reihen. Lies laut.

2, 4, 6, …
3, 6, 9, …

4, 8, …
5, 10, …

10 zehn

▶09 Aussprache! Hör gut zu und sprich nach!

h:	**h**allo, **h**eiße, **H**err	**w**:	**w**ie, **w**er
ei:	h**ei**ße, zw**ei**, dr**ei**	**v**:	**v**ier, **v**iel
ie:	w**ie**, s**ie**ben	**ch**:	i**ch**, di**ch**
ü:	f**ü**nf, Gr**ü**ße	**st**:	**St**efan, **St**udent, **St**uttgart
ß:	hei**ß**e, Grü**ß**e		

Du kannst …

Freunde grüßen	Hallo! Grüß dich!	✓		
	… … …			
fragen	Wie heißt du?	*antworten*	Ich heiße …	✓
	Wer bist du?		Ich bin …	✓
	Wie alt bist du?		Ich bin elf, zwölf, …	✓
	… … …			
dich verabschieden	Tschüs! Auf Wiedersehen!	✓		
	… … …			
bis 20 zählen	eins, zwei, drei, …	✓		

S. 65: Ü. 9, 10

▶10 Wir singen: Hallo, Leute

Hal - lo Leu - te! Gu - ten Tag! Gu - ten Ta - g, ich bin da!

Ich bin Pe - ter aus Düs - sel - dorf. Ich bin Pe - ter aus Düs - sel - dorf.

la la la la la la la Ich bin Pe - ter. Wer bist du?

Hallo, Leute! Guten Tag!
Guten Tag, ich bin da!
Ich bin Karin aus Heidelberg. (*zweimal*)

la la la la la la la
Ich bin Karin. Wer bist du?

elf

Das ist meine Familie

Modul 1 · Lektion 2

Das ist meine Familie.
Das ist mein Vater. Er heißt Peter.
Und das ist meine Mutter. Sie heißt Renate.
Das ist mein Bruder Stefan.
Und das bin ich!

1 Was sagt Tina? Hör zu. ▶11

2 Lies und ergänze dabei.

Bausteine

Die Familie vorstellen

Das ist **meine** Familie.

Das ist **mein** Vater. **Er** heißt …

Das ist **meine** Mutter. **Sie** heißt …

Das ist **mein** …

Das bin ich!

3 Stell Familie Weigel vor.

Das ist Familie Weigel. Das ist Herr … Das ist Frau …

12 zwölf

4 Deine Familie: Mal den Stammbaum in dein Heft.
Klebe Fotos in den Stammbaum. Schreib die Namen dazu.

Stammbaum

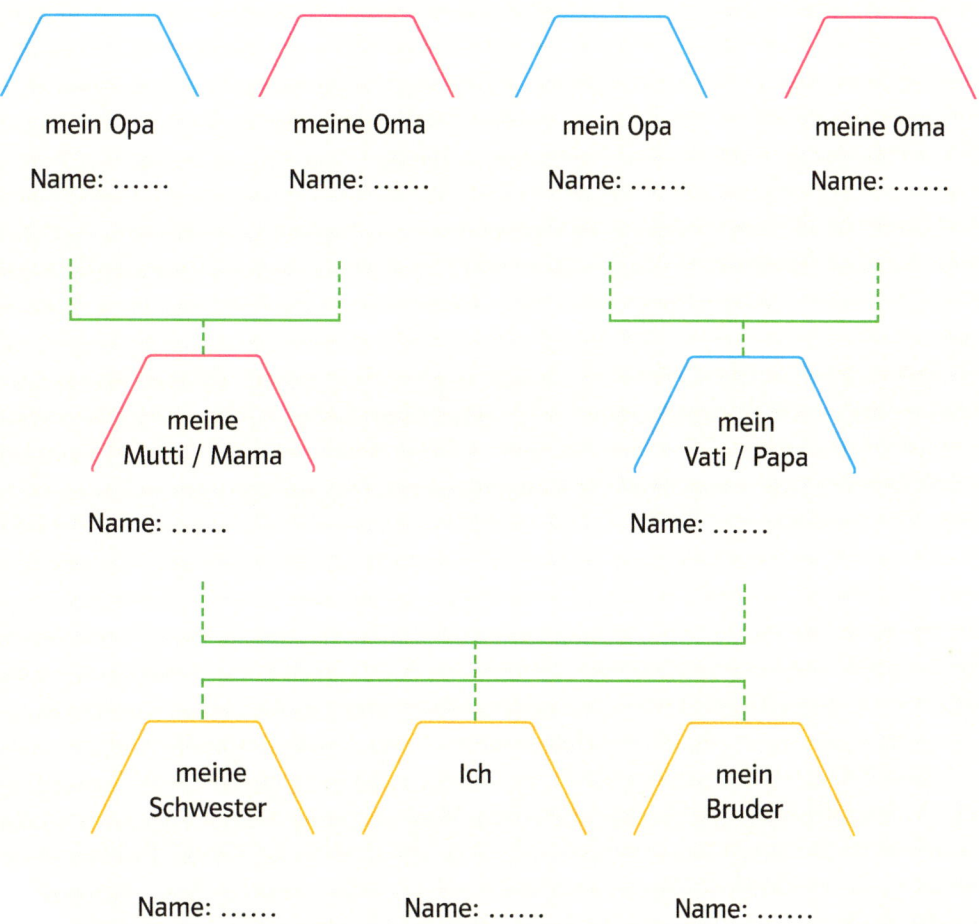

5 Stell deine Familie vor.

Mein Opa heißt …
Meine Mutter heißt …
Mein Vater …

Grammatik

m mein Vater   → er
f meine Mutter → sie

6 Fragt und antwortet.

- Wie heißt deine Mutter?
- Wie heißt dein Bruder?
- Wie heißt dein / deine …?

- Sie heißt …
- Er heißt …

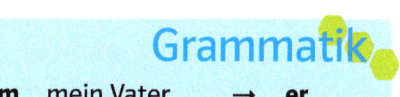

7 Familie Weigel – Memory

Kopier die Seite.
Schneide die Spielkarten aus (✂).
Viel Spaß!!

1 Franz Weigel

der Opa von Stefan und Tina

2 Berta Weigel

die Oma von Stefan und Tina

3 Renate + Peter Weigel

die Eltern von Stefan und Tina

4 Eva Hoffmann

die Tante von Stefan und Tina

5 Hans Hoffmann

der Onkel von Stefan und Tina

6 Stefan Weigel

der Bruder von Tina

7 Tina Weigel

die Schwester von Stefan

8 Markus Böhm

der Freund von Stefan

9 Brigitte Stein

die Freundin von Tina

8 Wer ist das? Übt mit den Karten von Übung 7.

- Wer ist Nummer 2?
- **Das ist** Berta Weigel. **Sie ist** die Oma von Stefan und Tina.
- Wer ist Nummer 3?
- **Das sind** Peter und Renate Weigel. **Sie sind** die Eltern von Stefan und Tina.
- Wer ist Nummer … ?
- …

S. 66-67: Ü. 2, 3, 4, 5

9 Was stimmt?

Tina – Schwester von Markus
- Ist Tina die Schwester von Markus?
- Nein, sie ist die Schwester von Stefan.

Renate Weigel – Mutter von Tina
- Ist Renate Weigel die Mutter von Tina?
- Ja, sie ist die Mutter von Tina.

Stefan – Bruder von Markus
Stefan – Bruder von Tina
Brigitte – Freundin von Tina
Renate Weigel – Mutter von Brigitte
Berta Weigel – Oma von Markus
Peter und Renate Weigel – Eltern von Stefan und Tina

Grammatik

m	der Vater	→	er
f	die Mutter	→	sie
Pl	die Eltern	→	sie

S. 67-68: Ü. 6, 7

10 Die Familie: Schreib drei Listen.

der Opa, …

die …

die (Pl) Eltern, …

S. 68: Ü. 8

Modul 1 Lektion 2

11 Hör zu. Was gehört zusammen? ▶12

1. Wer ist das?
2. Wie heißt dein Bruder?
3. Wie heißt deine Schwester?
4. Ist das Markus?
5. Ist das dein Vater?
6. Ist Karin deine Tante?

a. Nein, das ist Peter.
b. Sie heißt Monika.
c. Er heißt Tobias.
d. Nein, das ist der Vater von Hans.
e. Nein, sie ist meine Freundin.
f. Das ist mein Bruder.

> **Grammatik**
> **dein** Bruder
> **deine** Schwester

1	2	3	…	…
…	…	…	…	…

Wortschatz wiederholen!

12 Was gehört zusammen? Lies laut.

mein	Opa	…	Schwester
…	Vater	…	Tante
…	Bruder und	…	Freundin
…	Onkel	…	Mutter
…	Freund	meine	Oma

13 Fragt und antwortet.

- Meine … heißt … Und deine? (Freundin / Schwester / Tante)
- Sie … Und dein … ? (Freund / Bruder / Onkel)
- Er …

14 Kreuzworträtsel.

Schreib die Wörter in dein Heft.

16 sechzehn

▶13 ## Aussprache! *Hör gut zu und sprich nach!*

schw:	**Schw**ester, **Schw**eiz		**ie**:	s**ie**, d**ie**, w**ie**
h:	**H**ans, **H**offmann		**v**:	**V**ater, **v**ier, **v**on
eu:	Fr**eu**nd, n**eu**n, d**eu**tsch		**w**:	**w**er, **w**ie, **W**ien, **W**eigel
ei:	m**ei**n, d**ei**n, W**ei**gel			

Du kannst …

deine Familie vorstellen	Das ist meine Familie.	✓
	Das ist meine Mutter. Sie heißt …	✓
	… … …	
fragen	Wie heißt dein Bruder?	✓
	Wie heißt deine Schwester?	✓
	Wer ist das?	✓
	… … …	
eine andere Person vorstellen	Das ist Markus.	
	Er ist der Freund von Stefan.	✓

S. 68: Ü. 9, 10, 11

▶14 ## Wir singen: *Tante Frieda, Onkel Franz*

Das ist mei-ne Tan-te Frie-da. Und das ist mein On-kel Franz.
Wie heißt sie? Wie heißt er? Tan-te Frie-da, On-kel Franz.
Wie heißt sie? Wie heißt er? Sie heißt Frie-da, er heißt Franz.

Das ist meine Oma Ida.
Und das ist mein Opa Hans.
Wie heißt sie? Wie heißt er?
Oma Ida, Opa Hans.
Wie heißt sie? Wie heißt er?
Sie heißt Ida, er heißt Hans.

Das ist meine Schwester Gina.
Und das ist mein Bruder Ulf.
Wie heißt sie? Wie heißt er?
Schwester Gina, Bruder Ulf.
Wie heißt sie? Wie heißt er?
Sie heißt Gina, er heißt Ulf.

Hast du Geschwister?

Modul 1 · Lektion 3

Grammatik

ich	habe
du	hast
er, sie	hat

1 Was antworten sie? Hör zu. ▶15

2 Lies und ergänze dabei.

Bausteine

Stefan, hast du Geschwister?	→	Ja, ich habe …
Und du, Tobias?	→	Ich habe …
Und du, Karin?	→	Ich bin …

… … …

Martin hat vier Geschwister, zwei Brüder und zwei Schwestern.

18 achtzehn

"Ich habe viele Geschwister: zwei Brüder und zwei Schwestern!!"

Grammatik
Ich habe ein**en** Bruder.
Du hast ein**e** Schwester.

3 Reihenübung: Fragt und antwortet.

Hast du Geschwister? → Ja, ich habe einen Bruder. Und du? Hast du Geschwister? →
Nein, ich bin Einzelkind. Und du? Hast du Geschwister? → Ja, ich habe …

S. 69: Ü. 1

4 Leute charakterisieren: Wie sind sie?
Fragt und antwortet wie im Beispiel.

+	−
nett	doof
lustig	blöd
sympathisch	langweilig
freundlich	streng

 Wie ist dein Vater?   Wie ist deine Schwester?
 Er ist …   Sie ist …

5 Buchstabenspiel.

3 bis 4 Personen sind eine Gruppe. Schreibt die Adjektive von Übung 4 auf Karten.

NETT   DOOF   BLÖD   LUSTIG   SYMPATHISCH

Schneidet die Karten durch (✂). Mischt die Buchstaben.

N E T T   D O O F …

Der Lehrer / Die Lehrerin sagt ein Adjektiv. Ihr legt schnell das Wort.

S. 69-70: Ü. 2, 3

neunzehn

6 Welche Zahlen hörst du? Hör noch einmal und sprich nach. ▶16

Zahlen

21 einundzwanzig	30 dreißig	1000 eintausend
22 zweiundzwanzig	40 vierzig	2000 zweitausend
23 dreiundzwanzig	50 fünfzig	
24 vierundzwanzig	60 sechzig	
25 fünfundzwanzig	70 siebzig	
26 sechsundzwanzig	80 achtzig	
27 siebenundzwanzig	90 neunzig	
28 achtundzwanzig	100 einhundert	
29 neunundzwanzig	200 zweihundert	

7 Reihenübung: Fragt und antwortet.

⇄ Wie ist deine Telefonnummer? → Meine Telefonnummer ist 24 50 78. Wie ist deine Telefonnummer? → Meine Telefonnummer ist …

▶ S. 71-72: Ü. 4, 5, 6

8 Schaut die Bilder an. Fragt und antwortet wie in den Beispielen a. und b.

Opa, 74

Tina, 13

Stefan, 11

Herr Weigel, 44

Onkel Hans, 40

Tante Eva, 37

Oma, 65

Frau Weigel, 42

a. ● Wie alt ist der Opa?
   ● Er ist 74 (vierundsiebzig).

b. ● Wer ist 13 (dreizehn)?
   ● Tina.

9 Heute fragen die Kinder die Lehrerin. Hör zu. ▶19

Entschuldigen Sie bitte, wie heißen Sie?
Haben Sie Kinder?
Wie ist Ihre Telefonnummer?
Wie alt sind Sie?
Haben Sie Geschwister?
Sind Sie verheiratet?

10 Und was fragt ihr?

11 Interviews: Fragt und antwortet zu zweit oder zu dritt.

Martin Langer
48
1 Schwester
verheiratet
1 Sohn
Telefon: 48 92 16

Eva Küppers
29
Einzelkind
nicht verheiratet
keine Kinder
Telefon: 39 87 80

Hans Schulz
37
1 Bruder
verheiratet
1 Tochter, 1 Sohn
Telefon: 28 06 22

Karin Meier
28
1 Schwester
nicht verheiratet
1 Tochter
Telefon: 6 87 11

Grammatik
Wie heißen Sie?
Sind Sie verheiratet?
Haben Sie Kinder?

▶ S. 72-73: Ü. 7, 8, 9, 10

12 Interview: Hör zu. ▶20

a. Wer ist das?

Name	? Jens ? Jörg ? Georg	? Frau Becker ? Frau Meier ? Frau Steiner
Alter	? 13 ? 14 ? 15	? 34 ? 43 ? 44 ? verheiratet ? nicht verheiratet
Geschwister / Kinder	? einen Bruder ? eine Schwester ? zwei Brüder	? keine Kinder ? einen Sohn ? einen Sohn und eine Tochter

b. Stell die Person vor.

➤ S. 73: Ü. 11

13 Spielt den Dialog. Ergänzt die Antworten. Tauscht die Rollen.

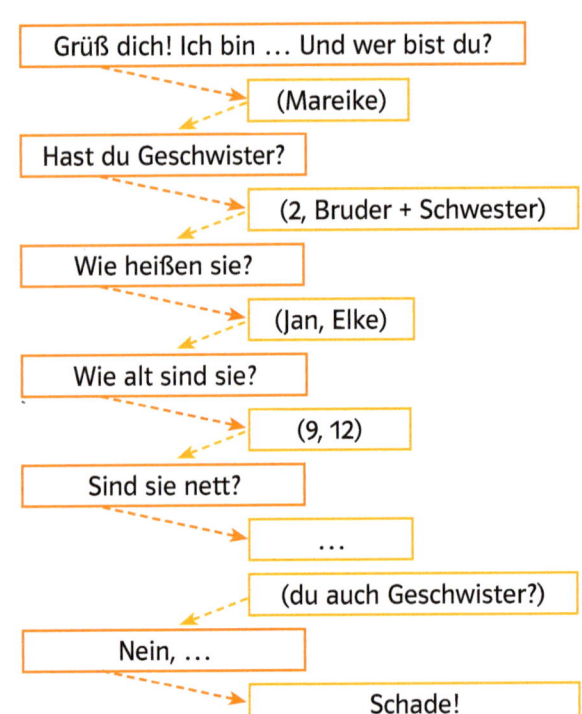

- Grüß dich! Ich bin … Und wer bist du?
- (Mareike)
- Hast du Geschwister?
- (2, Bruder + Schwester)
- Wie heißen sie?
- (Jan, Elke)
- Wie alt sind sie?
- (9, 12)
- Sind sie nett?
- …
- (du auch Geschwister?)
- Nein, …
- Schade!

14 Stell deinen Freund / deine Freundin vor.

(Wie heißt er / sie? Wie ist die Telefonnummer? / Wie alt ist er / sie?
Hat er / sie Geschwister? Wie sind sie? Wie sind die Eltern?)

Mein Freund / Meine Freundin heißt …

Wortschatz wiederholen!

15 Was passt zusammen? Lies laut.

	Erika.
	3 Geschwister.
Sie heißt …	verheiratet.
	einen Bruder.
Sie hat …	34.
	zwei Töchter.
Sie ist …	sympathisch.
	die Mutter von Mareike, Jan und Elke.
	einen Sohn.

16 Lies die Zahlen und Telefonnummern laut.

Zahlen: 984   4930
Telefonnummern: 98 / 456 639   0049 / 30 / 12 43 16

17 Wie sagt man in deiner Sprache?

a. Geschwister   b. Einzelkind   c. blöd   d. doof   e. nett

18 Die ganze Familie! Schreib drei Listen.

> **M**
> der …

> **F**
> die Tante, …

> **Pl**
> die …

▶22 **Aussprache!** Hör gut zu und sprich nach!

schw: Ge**schw**ister, **Schw**ester
ge: **Ge**schwister, An**ge**lika, **Ge**org
k: **K**ind, **K**arl, **K**laus
ü: f**ü**nf, M**ü**ller
ö: bl**ö**d, J**ö**rg, zw**ö**lf

ei: **Ei**nzelkind, n**ei**n, verh**ei**ratet
v: **v**on, **v**ier, **v**erheiratet
-ig: zwanz**ig**, dreiß**ig**, lust**ig**
-er: Brud**er**, Mutt**er**, Vat**er**

dreiundzwanzig   **23**

Du kannst …

deine Freunde fragen
Hast du Geschwister?

Wie alt ist dein Bruder?
Ist er nett?
Wie alt ist deine Schwester?
Ist sie nett?
Wie ist deine Telefonnummer?

auf Fragen antworten
Ich habe einen Bruder / eine Schwester. ✓
Ich bin (ein) Einzelkind. ✓
Er ist 10. ✓
Nein, er ist doof. ✓
Sie ist 16. ✓
Ja, sie ist lustig. ✓
Meine Telefonnummer ist … ✓

… … …

Erwachsene fragen
Wie heißen Sie? ✓
Wie alt sind Sie? ✓
Sind Sie verheiratet? ✓
Haben Sie Kinder? ✓
Wie ist Ihre Telefonnummer? ✓

S. 74: Ü. 12, 13, 14

▶ 23 Wir singen: Hast du Geschwister?

Hast du Geschwister?
Ja, einen Bruder.
Heißt er Sebastian?
Nein, nein, Hans-Jörg.

Ist er sympathisch?
Lustig, extravagant?
Ja, ja, ja, ja, ja, ja.
Er ist sehr lustig.

Wo wohnt ihr?

Lektion 4

Modul 1

Stefan, wie viele seid ihr zu Hause?

Wir sind vier: mein Vater Peter, meine Mutter Renate, meine Schwester Tina und ich.

Wo wohnt ihr?

Wo liegt das denn?

Wir wohnen in Augsburg.

In Süddeutschland, bei München.

1 Was fragt sie? Was antwortet Stefan? Hör zu. ▶24

2 Lies und ergänze dabei.

Bausteine

fragen		antworten
Wie viele	seid ihr zu Hause?	→ Wir sind …
Wo	wohnt ihr?	→ Wir wohnen in …
Wo	liegt das denn?	→ …

3 Übt zu zweit. Fragt und antwortet.

Wie viele … ? Wo wohnt ihr? Wo liegt das denn?

fünfundzwanzig

4 Fragt und antwortet wie im Beispiel.

— Stefan, Tina, wo wohnt ihr?
— Wir wohnen in Augsburg.

1. Stefan, Tina – Augsburg
2. Hans, Sabine – München
3. Georg, Susi – Frankfurt
4. Martin, Petra – Hamburg
5. Tina, Jörg – Wien
6. Klaus, Karin – Bonn

Grammatik

ich	wohne	ich	bin
du	wohnst	du	bist
er, sie	wohnt	er, sie	ist
wir	wohnen	wir	sind
ihr	wohnt	ihr	seid
sie, Sie	wohnen	sie, Sie	sind

5 Hör zu: Was fragt die Reporterin? ▶25
Was antwortet Tina?

— Tina, wie ist deine Adresse?
— Jakoberstraße 18.
— Hast du auch eine E-Mail-Adresse?
— Ja, tina.weigel@yahoo.de

6 Fragt und antwortet in der Klasse.

Deine Adresse? E-Mail-Adresse?

▶ S. 75: Ü. 1, 2, 3

7 Zeig die Städte auf der Landkarte.
Fragt und antwortet dann wie in den Beispielen a. und b.

Hamburg
München — in Norddeutschland
Berlin
Frankfurt — in Mitteldeutschland
Stuttgart
Kiel — in Süddeutschland
Augsburg

a. ● Wo liegt München?
   ● In Süddeutschland.

b. ● Wo liegt Frankfurt? In Süddeutschland?
   ● Nein, in Mitteldeutschland.

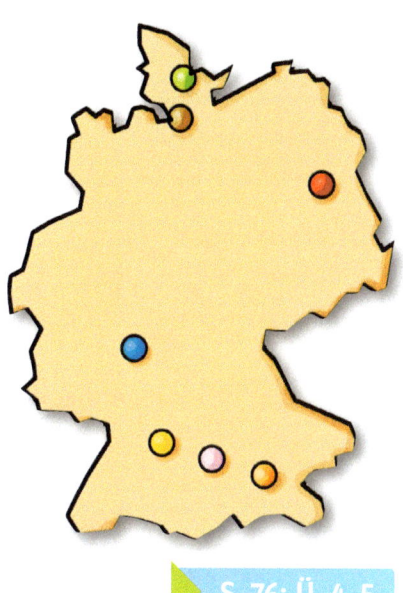

S. 76: Ü. 4, 5

8 Wo wohnen sie?
Fragt und antwortet wie in den Beispielen a. und b.

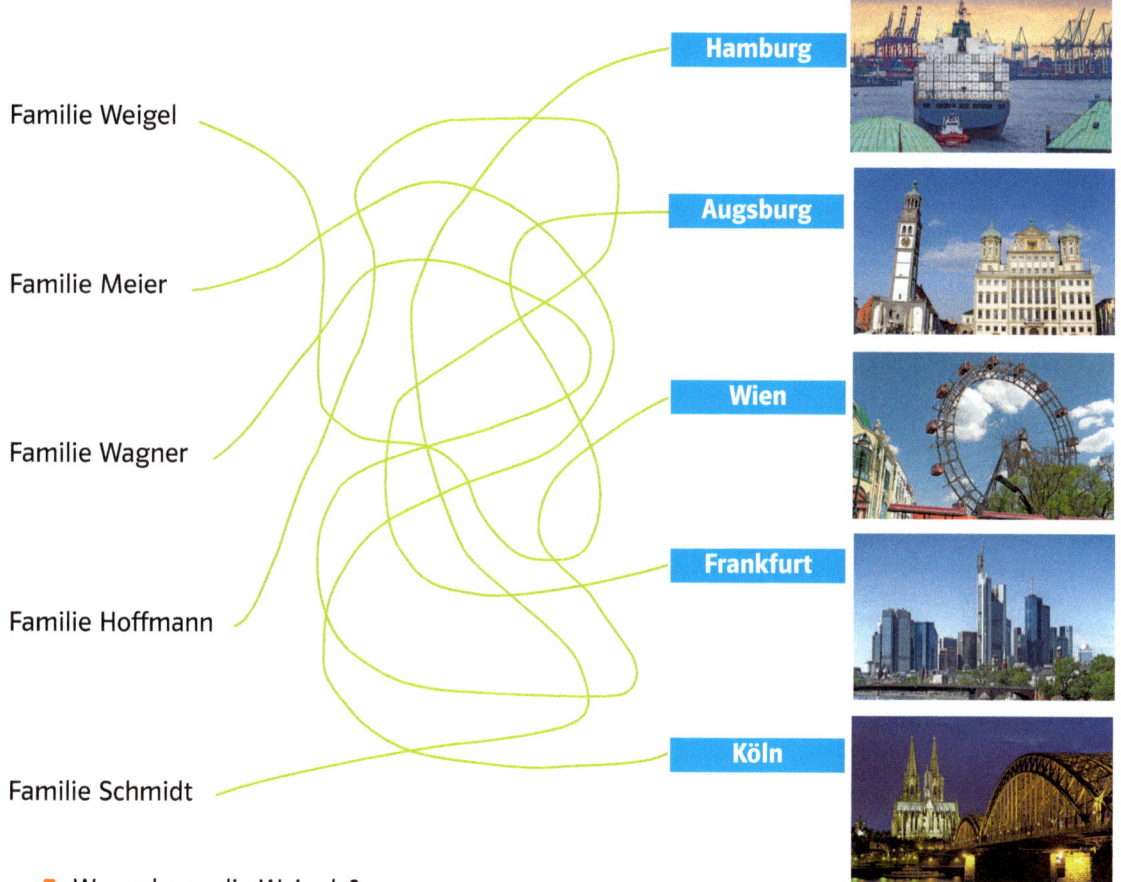

Familie Weigel
Familie Meier
Familie Wagner
Familie Hoffmann
Familie Schmidt

Hamburg
Augsburg
Wien
Frankfurt
Köln

a. ● Wo wohnen die Weigels?
   ● Sie wohnen in Augsburg.

b. ● Wohnen die Weigels in Frankfurt?
   ● Nein, sie wohnen in Augsburg.

S. 77-78: Ü. 6, 7

siebenundzwanzig 27

Modul 1 — Lektion 4

9 Städte-Memory.

Kopier die Seite.
Schneide die Spielkarten aus (✂).
Viel Spaß!!

Fam. Weigel

…wohnt in Augsburg

Fam. Meier
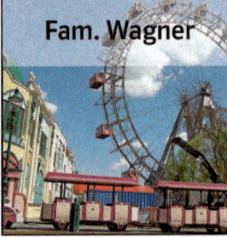
Fam. Wagner

Fam. Hoffmann

Fam. Schmidt

…wohnt in Köln

… wohnt in Wien

…wohnt in Frankfurt

…wohnt in Hamburg

10 Wie alt sind sie? Wo wohnen sie? Haben sie Geschwister? – Hör gut zu. ▶26

12
14
15
17

Wagnerstraße 19
Adenauerstraße 10
Ludwigstraße 72
Goethestraße 20

Christian
Annette
Klaus
Karin

Einzelkind
einen Bruder
zwei Schwestern
eine Schwester

München
Frankfurt
Hamburg
Berlin

Mach eine Tabelle in deinem Heft.

	Alter	wohnt in …	Adresse	Geschwister?
Christian	…	…	…	…

28 achtundzwanzig

11 Hör zu: Wie ist die E-Mail-Adresse? ▶27

Christian	**klausbeck@yahoo.de**
Annette	**superkarin@t-online.de**
Klaus	**Chris2000@free.de**
Karin	**Ann.Rub@hotmail.com**

12 Hör noch einmal Übung 11 und sprich nach. ▶28

13 Dialogpuzzle. Schreib den Dialog in dein Heft.

- Freising? Wo liegt das denn?
- Hallo!
- Wir sind vier: mein Vater, meine Mutter, mein Bruder und ich.
- Tschüs, Monika!
- In Freising.
- In Süddeutschland, bei München.
- Grüß dich, Monika.
- Monika, wie viele seid ihr zu Hause?
- Tschüs!
- Und wo wohnt ihr?

S. 78-79: Ü. 8, 9

14 Spielt den Dialog.

15 Auskunft geben. Fragt und antwortet.

Name	:	Wie heißt du?
Vorname	:	…
Alter	:	…
Wohnort	:	…
Adresse	:	…
Telefon	:	…
E-Mail	:	…
Geschwister	:	…

S. 79-80: Ü 10, 11

Modul 1 Lektion 4

16 Nimm deinen „Personalausweis" im Arbeitsbuch. Stell dich vor.

Hallo! Ich heiße … Ich bin … und wohne in …

S. 79-80: Ü. 9, 12, 13

Wortschatz wiederholen!

17 Was passt zusammen? Es gibt mehrere Lösungen.

1. Er wohnt
2. Seine Telefonnummer ist
3. Sein Vorname ist
4. Sie sind
5. Wie viele
6. Freising liegt
7. Wie ist
8. Wie heißt
9. Haben Sie
10. Ingolstadt liegt

a. in Süddeutschland.
b. sind Sie in der Familie?
c. bei München.
d. Ihre Adresse?
e. eine E-Mail-Adresse?
f. die Straße?
g. fünf in der Familie.
h. Martin.
i. 34 65 98.
j. in der Amelungstraße.

1	2	3	…	…
…	i.	…	…	…

18 Wie heißen die Städte in deiner Sprache?

München   Hamburg   Stuttgart   Köln
Augsburg   Frankfurt   Berlin   Wien

▶29 **Aussprache!** Hör gut zu und sprich nach!

oh: w**oh**nen, K**oh**l
ie: l**ie**gt, W**ie**n, K**ie**l
ei: b**ei**, s**ei**d, St**ei**n
eu: D**eu**tschland, Fr**eu**nd

ü: S**ü**ddeutschland, M**ü**nchen, D**ü**sseldorf
ö: J**ö**rg, B**ö**hm, **Ö**sterreich
w: **w**o, **w**ohnen, **W**eigel
v: **V**ater, **v**on

30 dreißig

Du kannst …

fragen	auf Fragen antworten	
Wie viele seid ihr zu Hause?	Wir sind …	✓
	… … …	
Wo wohnst du?	Ich wohne in …	✓
Wo wohnt ihr?	Wir wohnen in …	✓
	… … …	
Wo liegt …?	In …	✓
	… … …	
Wie ist deine Adresse?	Meine Adresse ist …	✓
Hast du eine E-Mail-Adresse?	Meine E-Mail-Adresse ist …	✓
	… … …	
Wo wohnen die Weigels?	Sie wohnen in Augsburg.	✓

S. 81: Ü. 14, 15, 16

▶30 Wir singen: Wohnst du vielleicht in München?

Wohnst du viel-leicht in Mün-chen? Nein, nein, ich woh-ne in Trier. In Trier? Wo liegt das denn? Das liegt nicht weit von hier. Wohnt er viel-leicht in Frank-furt? Nein, nein, er wohnt in Mainz. Liegt das sehr weit von hier? Nein, nein, das liegt bei Trier.

einunddreißig

Modul 1 Training

hören

Wir trainieren

1 Hör das Interview zweimal. Was stimmt? ▶31

1. Er heißt Tobias.
2. Er wohnt in Freising.
3. Er ist 14.
4. Er hat einen Bruder.
5. Telefonnummer: 26783.
6. Er hat eine E-Mail-Adresse.

2 Hör das Interview zweimal. Was stimmt? ▶32

1. Sie heißt Bettina.
2. Sie wohnt in Regensburg.
3. Sie wohnt in der Königstraße 18.
4. Sie ist 13.
5. Sie hat Geschwister.
6. Telefonnummer: 57820.

3 Das ist Tony Seitz. Hör das Interview zweimal. Schreib Tonis Personalausweis in dein Heft. ▶33

Name:
Wohnort:
Adresse:
Familie:
Alter:

32 zweiunddreißig

lesen

Modul 1 Training

4 Annina stellt sich vor. Lies den Text.

Hallo, ich heiße Nina, eigentlich Annina, bin 13 Jahre alt und wohne in Innsbruck. Das liegt in Österreich. Meine Schwester Marion ist noch klein, sie ist erst sieben. Mein Vater ist Psychologe. Er arbeitet viel in seiner Praxis. Meine Mutter ist Deutschlehrerin.

Was stimmt?

1. Annina wohnt in Deutschland.
2. Annina ist sieben Jahre alt.
3. Annina ist ein Einzelkind.
4. Der Vater von Annina ist Psychologe.
5. Die Mutter von Annina heißt Marion.
6. Die Mutter von Annina ist Deutschlehrerin.

5 Sebastian stellt sich vor. Lies den Text.

Ich bin Sebastian und wohne in Freiburg. Ich bin 14. Ich bin ein Einzelkind, d.h. ich habe keine Geschwister. Ich wohne bei meiner Mutter. Papa wohnt jetzt in Ingolstadt: Er ist Marketingleiter bei Audi.

Was stimmt?

1. Sebastian hat eine Schwester.
2. Die Schwester von Sebastian ist 14.
3. Sebastian wohnt in Freiburg.
4. Der Vater von Sebastian wohnt in Freiburg.
5. Die Mutter von Sebastian wohnt in Ingolstadt.

6 Lies den Text. Dann stellst du Sebastian vor. Schreib in dein Heft.

Sebastian stellt sich vor.
Ich bin Sebastian und wohne in Freiburg. Ich bin 14. Ich bin ein Einzelkind, d.h. ich habe keine Geschwister. Ich wohne bei meiner Mutter. Mein Vater wohnt in Ingolstadt. Ich habe auch eine Tante und zwei Onkel.

Das ist Sebastian. Er ...

(bei meiner Mutter → bei seiner Mutter; Mein Vater → Sein Vater)

7 Was passt in die Lücken? Schreib die Texte in dein Heft.

Text 1:

Ich ••• Theo. Ich ••• 12. Ich ••• der Bruder ••• Alexander. Wir wohnen ••• Konstanz. Das ••• in Süddeutschland. ••• Schwester heißt Marion. ••• ist 15.

Text 2:

Das ••• Herr und Frau Weigel. Sie ••• zwei Kinder. Sie ••• Tina und Stefan. Sie ••• in Augsburg.

8 Das ist Familie Scherwitzl. Lies den Text.

Das ist Familie Scherwitzl. Sie sind fünf zu Hause. Der Vater heißt Karl und ist 37 Jahre alt. Die Mutter, Brigitte, ist 36 Jahre alt. Sie haben zwei Kinder: Peter, 8, und Anna, 6. Auch Tante Irene, die Schwester von Frau Scherwitzl, wohnt im Haus. Sie ist 45. Sie ist nicht verheiratet. Sie wohnen in Klagenfurt. Das liegt in Österreich.

Peter stellt seine Familie vor. Schreib den Text in dein Heft.

Das ist meine Familie.

Wir sind fünf zu Hause. Mein ...

sprechen

9 Bildet Gruppen.
Zieht eine Karte, zum Beispiel „Vater".
Sprecht zu zweit wie im Beispiel.

Thema: *Familie*
Karte: *Vater*

Mögliche Fragen: Wie heißt dein Vater?
                   Wie alt ist dein Vater?
Mögliche Antworten: Er heißt …
                    Er ist … Jahre alt.

Beispiel:

Familie   1

Vater

10 Spielt den Dialog: Fragt und antwortet.

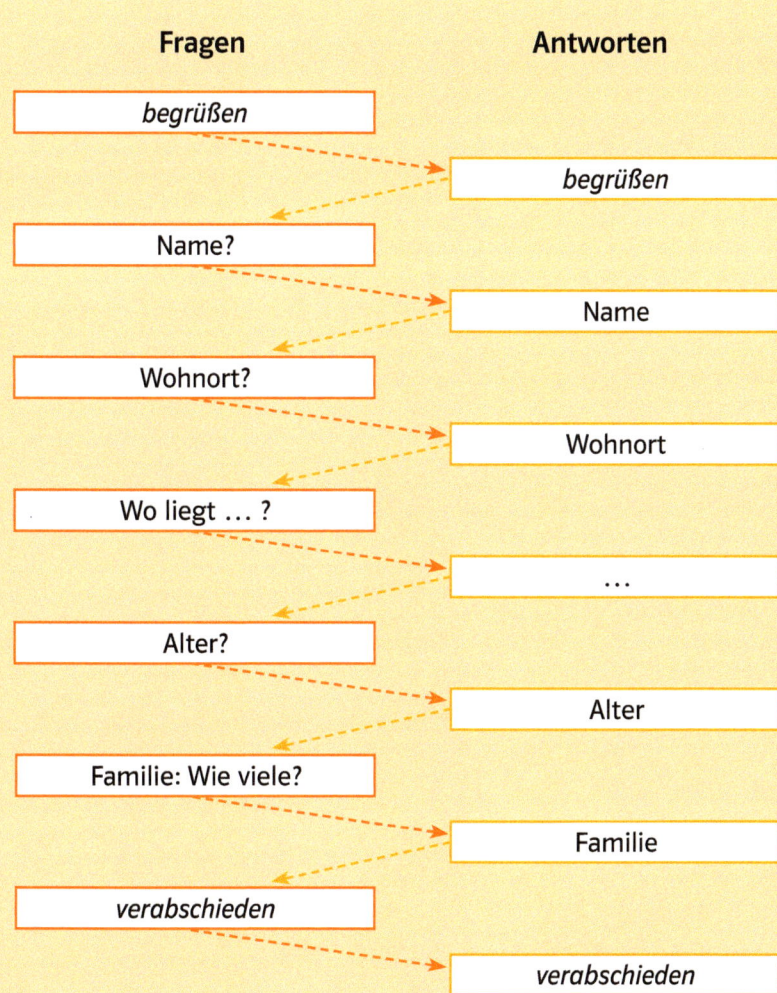

Modul 1 Training

fünfunddreißig 35

Grammatik

1. Verben: Präsens (1)

Schau die Tabelle an.

		sein	haben	wohnen	heißen	
1.	ich	bin	habe	wohne	heiße	Singular
2.	du	bist	hast	wohnst	heißt	
3.	er, sie	ist	hat	wohnt	heißt	
1.	wir	sind	haben	wohnen	heißen	Plural
2.	ihr	seid	habt	wohnt	heißt	
3.	sie	sind	haben	wohnen	heißen	
4.	Sie	sind	haben	wohnen	heißen	höflich: Singular + Plural

Beachte: sein / haben: = unregelmäßige Verben

TIPP: Lern die Formen auswendig.

● wohnen: = regelmäßiges Verb: Stamm + 4 Personen-Endungen

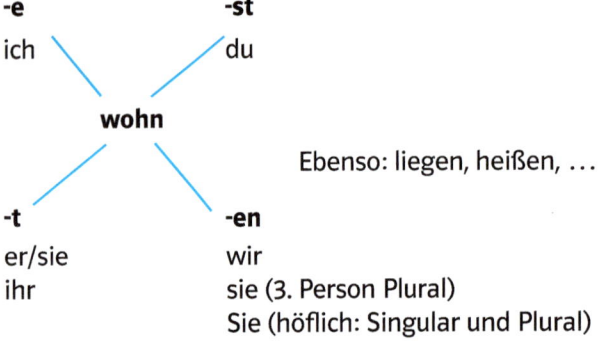

-e ich
-st du
wohn
-t er/sie, ihr
-en wir, sie (3. Person Plural), Sie (höflich: Singular und Plural)

Ebenso: liegen, heißen, …

Beachte: heißen: du heißt (≠ st)

2. Personalpronomen (1)

● ich, du, er, sie, wir, … : = Personalpronomen

● Personalpronomen 3. Person:
   a. Das ist mein Vater. **Er** heißt Peter.
   b. Das ist meine Mutter. **Sie** heißt Renate.
   c. Das sind Herr und Frau Weigel. **Sie** sind die Eltern von Tina und Stefan.

● **er** = maskulin: de**r** Vater
● **sie** = feminin: di**e** Mutter
● **sie** = Plural: di**e** Weigels, di**e** Geschwister

Beachte: **S**ie (großes **S**): = höfliche Form: Frau Weigel, haben **S**ie Geschwister?
Aber: Herr und Frau Bauer sind verheiratet und **s**ie haben drei Kinder.

3. du-Form / höfliche Form

- du-Form → Freunde, Kinder, Familie:
  Tina, wo wohnst du? Hast du eine E-Mail-Adresse?

- Sie-Form → Erwachsene, Lehrer / Lehrerin:
  Wo wohnen Sie, Herr Langer?
  Haben Sie Kinder?
  Sind Sie verheiratet?

Beachte: Wer sind **Sie**?
→ **Ich** bin die Mutter von Tina und Stefan.
→ **Wir** sind die Eltern von Tina und Stefan.

4. Aussagesatz

Die Positionen im Satz: Wo steht das Verb?

	Verb	
Ich	**heiße**	Tobias.
Stefan	**ist**	der Bruder von Tina.
Die Weigels	**wohnen**	in Augsburg.
1	2	3

Ergänze die Regel:

Das Verb ist auf Position ●.

Beachte: Ich heiße Tobias, **ich** wohne in Augsburg.
Ich heiße Tobias **und** (ich) wohne in Augsburg.
↑
verbindet Sätze

5. Fragesätze

Die Positionen im Satz: Wo steht das Verb?

a. Ja/Nein-Fragen:			
Heißt	du	Sylvia?	– Nein, ich heiße Monika.
Ist	Tina	die Schwester von Stefan?	– Ja.
Hast	du	Geschwister?	– Nein, ich bin ein Einzelkind.
1	2	3	

Ergänze die Regel:

Bei Ja/Nein-Fragen ist das Verb auf Position ●, das Subjekt ist auf Position ●.

Modul 1 Grammatik

b. W-Fragen:		
Wer	**bist**	du?
Wie	**heißt**	du?
Wo	**wohnst**	du?
Wie alt	**bist**	du?
Wie viele Geschwister	**hast**	du?
1	2	3

Ergänze die Regel:

Bei W-Fragen ist das Verb auf Position ●, das Subjekt auf Position ●.

6. Das Fragewort *wer*?

Übersetze in deine Sprache.

a. Wer bist du?   – Ich bin Stefan.
b. Wer ist Tina?   – Sie ist die Schwester von Stefan.
c. Wer sind Sie?   – Ich bin Frau Weigel.
d. Wer ist Nummer 2?

Ergänze:

Das Fragewort „wer?" übersetze ich mit ●.

7. Die Präpositionen *in, bei, von*

Übersetze die Fragen und Antworten in deine Sprache.

Wo wohnst du?   – **In** Augsburg.   in = ● (Ort)

Wo liegt Augsburg?   – **Bei** München.   ● . bei (Ort)

Wer ist Tina ? – Tina ist die Schwester **von** Stefan.

Ergänze:

„Wo" übersetze ich mit ●.
„In" übersetze ich mit ●.
„Bei" übersetze ich mit ●.
„Von" übersetze ich mit ●.

8. Der bestimmte Artikel

maskulin	feminin	neutral	Plural
der	**die**	(→ Modul 2)	**die**
Vater	Mutter		Eltern
Bruder	Schwester		Weigel**s** (die Weigels = die Familie Weigel)
Sohn	Tochter		
Freund	Freundin		

Beachte: Plural „die" für maskulin, feminin, neutral.

Ergänze die Regel: ❹

der **V**ater, die **M**utter, **T**ina **W**eigel: Substantive und Namen schreibt man ●.

9. Der Possessiv-Artikel (1)

maskulin	feminin	neutral	Plural
mein/dein	**meine/deine**	(→ Modul 2)	**meine/deine**
Vater	Mutter		Eltern
Bruder	Schwester		
Freund	Freundin		

Beachte: Plural „meine / deine" für maskulin, feminin, neutral.

10. Die Zahlen

Du findest die Zahlen vorn auf den Seiten 7, 8, 20.

Beachte: a. Man spricht:

13
drei**zehn**
(= drei + zehn)

14
vier**zehn**

ab **21**
ein**und**zwanzig

22
zwei**und**zwanzig

b. Die Zehner:
10 zehn   40 vier**zig**
20 zwan**zig** 50 fünf**zig**
30 drei**ßig** ...

c. Beachte:
1 ein**s**   11 elf   21 **ein**undzwanzig
6 sech**s**   16 sechzehn   60 sechzig
7 sieb**en**   17 siebzehn   70 siebzig

d. Unterscheide:
15 fünf**zehn** 50 fünf**zig**
19 neun**zehn** 90 neun**zig**

Lösungen für ●:
❶ Das Verb ist auf Position 2.
❷ Bei Ja/Nein-Fragen ist das Verb auf Position 1, das Subjekt ist auf Position 2.
❸ Bei W-Fragen ist das Verb auf Position 2, das Subjekt auf Position 3.
❹ Substantive und Namen schreibt man groß.

Modul 1

Teste dein Deutsch!
Wortschatz und Grammatik

1 Notier 5 „Familien-Wörter" mit Artikel.

2 Notier 5 deutsche Vornamen und 5 deutsche Städte.

3 Wie ist …? Notier 4 Adjektive:

nett, …

4 Stell Fragen.

● Tobias, … (Adresse? / Alter? / Geschwister?)

5 Stell Fragen.

● Frau Bauer, … (Wohnort? / Telefonnummer?)

6 Was passt hier?

Ich …1… Janina und …2… 15.
Wir …3… fünf in der Familie: …4… Mutter, …5… Vater, …6… Schwester,
…7… Bruder und ich!
…8… Schwester …9… noch klein, sie …10… erst sieben Jahre. Sie …11… Alina.
Wir …12… in Köln. Das …13… in Deutschland.
Der Bruder …14… meiner Mutter, mein Onkel Hans, …15… in Hamburg.
Wir …16… oft in Hamburg.

1 heißt heiße	2 bin bist	3 seid sind	4 mein meine	5 mein meine	6 mein meine
7 mein meine	8 mein meine	9 bist ist	10 bist ist	11 heißen heißt	12 wohnt wohnen
13 liegt liegen	14 bei von	15 wohnt wohne	16 seid sind		

Selbstkontrolle

Du hast …
 … maximal 4 Fehler: SEHR GUT! Mach weiter so!
 … 5 bis 8 Fehler: noch o.k. Aber du kannst es besser!
 … mehr als 8 Fehler: Wiederhol die Übungen von Modul 1.

vierzig

MODUL 2
Bei uns zu Hause

Du lernst …

- **eine Wohnung und ein Zimmer beschreiben**
- **die Farben**
- **andere Leute fragen**
  Wie geht's Ihnen?
  Wir geht's dir?
  Was möchten Sie trinken?
  Was möchtest du trinken?
- **auf Fragen antworten**
  Es geht gut.
  Es geht nicht so gut.
  Ich möchte …
  Ich möchte lieber …
- **Lieder auf Deutsch**

Du lernst die Wohnung von Familie Weigel kennen.

Modul 2 — Lektion 1

Das Haus von Familie Weigel

Das Schlafzimmer von Herrn und Frau Weigel. Es ist nicht sehr groß.

Das Wohnzimmer. Es ist sehr gemütlich.

Die Küche. Sie ist klein, aber praktisch.

Das Bad. Es ist klein.

Das Schlafzimmer von Stefan. Es ist groß.

Der Abstellraum. Er ist sehr nützlich.

Das Arbeitszimmer von Frau Weigel.
Es ist sehr praktisch.

Der Garten. Er ist sehr schön.

1 Hör zu. ▶34

2 Hör noch einmal und sprich nach. ▶35

3 Was passt zusammen? Es gibt mehrere Lösungen.

1. Das Schlafzimmer von Herrn und Frau Weigel:
2. Der Garten:
3. Das Wohnzimmer:
4. Das Bad:
5. Die Küche:
6. Der Abstellraum:
7. Das Zimmer von Stefan:

a. Er ist sehr schön.
b. Er ist sehr nützlich.
c. Sie ist klein, aber praktisch.
d. Es ist groß.
e. Es ist nicht sehr groß.
f. Es ist gemütlich.
g. Es ist sehr praktisch.

| 1. | ... |
| 2. | ... |

4 Fragt und antwortet.
- Wie ist die Küche?
- Sie ist klein, aber praktisch.

Grammatik
der Garten → **er**
die Küche → **sie**
das Bad → **es**

▶ S. 89–90: Ü 1, 2, 3

dreiundvierzig **43**

5 Hör zu und sprich nach. ▶36

Was ist das?

1. das Bett / ein Bett
2. der Schrank / ein Schrank
3. der Tisch / ein Tisch
4. der Stuhl / ein Stuhl
5. die Dusche / eine Dusche
6. der Computer / ein Computer
7. das Sofa / ein Sofa
8. das Regal / ein Regal
9. der Baum / ein Baum
10. die Lampe / eine Lampe

6 Memory.

Kopier Seite 44. Schneide die Spielkarten aus (✂).
Viel Spaß!!

7 Reihenübung: Fragt und antwortet.

Was ist Nummer 2? → Nummer 2 ist ein Schrank. Was ist Nummer 5? → …

8 Schreib die Sätze in dein Heft.

Beispiel:
Das Wohnzimmer ist gemütlich.

S. 90: Ü. 4

9 Was passt zusammen? Spiel mit.

Schreib die Wörter auf Karten. Eine Gruppe bekommt Karten mit Zimmern.
Eine Gruppe bekommt Karten mit Möbeln. Jeder sucht seinen Partner.

fünfundvierzig

10 Was ist das? Fragt und antwortet wie im Beispiel.

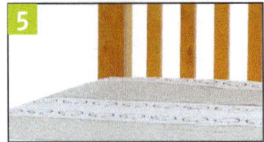 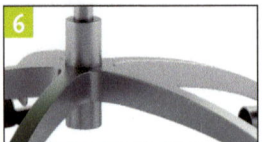  

● Was ist das, ein Computer?
→ Ja, das ist ein Computer.
→ Nein, das ist kein Computer. Das ist ein / eine …

11 Sprich wie im Beispiel.

Grammatik
ein Stuhl	kein Stuhl
eine Lampe	keine Lampe
ein Bett	kein Bett

Das ist

 ein Stuhl.    kein Stuhl, sondern eine Lampe.

S. 90–91: Ü. 5, 6, 7

12 Zimmer und Möbel. Schreib drei Listen.

der/ein Tisch, ...

die/eine ...

das/ein ...

13 Blau, rot oder grün? Spiel mit.

● blau ● rot ● grün

14 Was passt zusammen?

der
die
das

Computer
Küche
Stuhl
Bett
Zimmer
Baum
Lampe
Regal
Garten

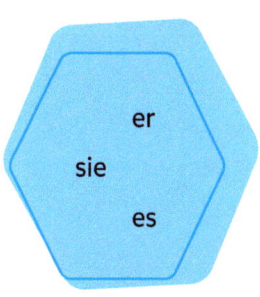
er
sie
es

15 Hör zu. Welche Adjektive hörst du hier? Notier in deinem Heft. ▶37

1	3	...
...	...	...

1. Das ist mein Haus: Es ist wirklich sehr •••. 2. Es hat fünf Zimmer. 3. Das Wohnzimmer ist sehr ••• und •••. 4. Wir essen und sehen fern hier. 5. Die Küche ist ziemlich •••, aber •••. 6. Unser Schlafzimmer, das Kinderzimmer, ist leider •••. 7. Das Schlafzimmer von unseren Eltern ist dagegen ••• und auch •••. 8. Der Abstellraum ist zwar •••, aber sehr •••. 9. Wir haben auch einen Garten. Er ist sehr •••: 2000 m².

a. nicht sehr groß
b. groß
c. gemütlich
d. klein
e. praktisch
f. schön
g. nützlich

S. 91–92: Ü. 8, 9, 10

Wortschatz wiederholen!

16 Silbenrätsel. Wie viele Wörter findest du? Schreib in dein Heft. Denk an die Großbuchstaben!

che – prak – ter – schlaf – gar – kü – so – tisch – mer – pu – nütz – lich – lam – ten – fa – com – zim – pe

17 Wie sagt man in deiner Sprache?

a. Arbeitszimmer   b. Wohnzimmer   c. Abstellraum   d. Computer

18 Was passt zusammen?

1. der Computer
2. das Bett
3. der Baum
4. das Sofa
5. der Tisch und die Stühle
6. das Regal

a. der Garten
b. der Abstellraum
c. das Arbeitszimmer
d. die Küche
e. das Schlafzimmer
f. das Wohnzimmer

19 Welches Adjektiv passt?

1. Ein Sofa ist •••
2. Ein Wohnzimmer ist •••
3. Ein Bad ist •••
4. Ein Abstellraum ist •••
5. Eine Küche ist •••
6. Ein Arbeitszimmer ist •••

▶39 Aussprache! Hör gut zu und sprich nach!

sch: **Sch**rank, Ti**sch**, **sch**ön
ö: sch**ö**n, B**ö**hm, bl**ö**d
o: S**o**fa, gr**o**ß, **O**pa
ü: K**ü**che, n**ü**tzlich, gem**ü**tlich

u: D**u**sche, Br**u**der
ge: **ge**mütlich, **Ge**schwister
-d: Ba**d**, un**d**, Kin**d**
-er: Zimm**er**, ab**er**, Vat**er**

Du kannst …

eine Wohnung / ein Zimmer beschreiben

fragen	*auf Fragen antworten*	
Was ist das?	Das ist die Küche / das Bad / das Wohnzimmer / mein Schlafzimmer.	✓
Ist das dein Schlafzimmer?	Ja, das ist mein Schlafzimmer.	✓
… … …		
Wie ist die Küche?	Sie ist klein / groß / praktisch / nützlich / …	✓
Wie ist das Wohnzimmer?	Es ist gemütlich / schön / …	✓
… … …	*negativ antworten*	
Ist der Garten groß?	Nein, er ist nicht groß.	✓
Ist das eine Lampe?	Nein, das ist keine Lampe.	✓
Ist das ein Sofa?	Nein, (das ist) kein Sofa, sondern ein Bett.	✓

S. 92–93: Ü. 11, 12, 13, 14, 15

▶40 Wir singen: Na, was ist denn das?

Was ist denn das? Na, was ist denn das? Ei-ne Lam-pe? Nein, nein, nein. Was
ist denn das? Na, was ist denn das? Ein So-fa? Nein, nein, nein. Ein

Tisch? Ein Stuhl? Nein, kein Tisch, kein Stuhl. Na, was ist? Na, was ist denn das?

Das ist ein Bett.	Ja, das ist ein alter Schrank.
Ja, das ist ein Bett.	Ein Bett? Ein Schrank?
Ja, das ist ein großes Bett.	Ja, ein Bett, ein Schrank!
Das ist ein Schrank.	Die sind schön.
Ja, das ist ein Schrank.	Die sind wunderschön.

neunundvierzig

Modul 2 · Lektion 2 — Ein Besuch

6 Wo ist Tina?

7 Sie macht Hausaufgaben. Frau Stein, möchten Sie was trinken? Eine Tasse Kaffee?

8 Gerne.

9 Und du, Brigitte? Möchtest du auch etwas trinken?

10 Nein, danke. Ich gehe zu Tina …

1 Was sagen sie? Hör zu. ▶41

2 Hör noch einmal. ▶41

3 Lies laut und ergänze.

Bausteine

grüßen
Guten Tag, …
Bitte, kommen Sie …
… … …

fragen *antworten*
Wie geht's Ihnen?   } Mir … ☺
Und dir, Brigitte? Wie geht's dir? } … 😐
… … …

Möchten Sie was trinken? } … ☺
Und du, Brigitte? } … ☹

4 Wie geht's? – Eine Frage, viele Antworten! Ordne zu.

schlecht   gut   sehr gut   nicht schlecht
   nicht so gut   sehr schlecht

A ☺   B 😐   C

Mir geht es …

5 Fragt und antwortet wie im Beispiel.

- Guten Tag, Herr / Frau … Wie geht's Ihnen?
- Sehr gut. / Es geht. / …

Grammatik
Wie geht's **dir**, Brigitte?
Wie geht's **Ihnen**, Frau Stein?
Mir geht's gut, danke!

Herr Meier **Frau Müller** **Frau Berger** **Herr Beck** **Julia**

6 Reihenübung: Fragt und antwortet.

Elena, wie geht's dir? → Mir geht's gut, danke. Und dir, Lukas? Wie geht's dir? → Mir geht's …

S. 94–95: Ü. 1, 2, 3, 4

7 Was passt zusammen?

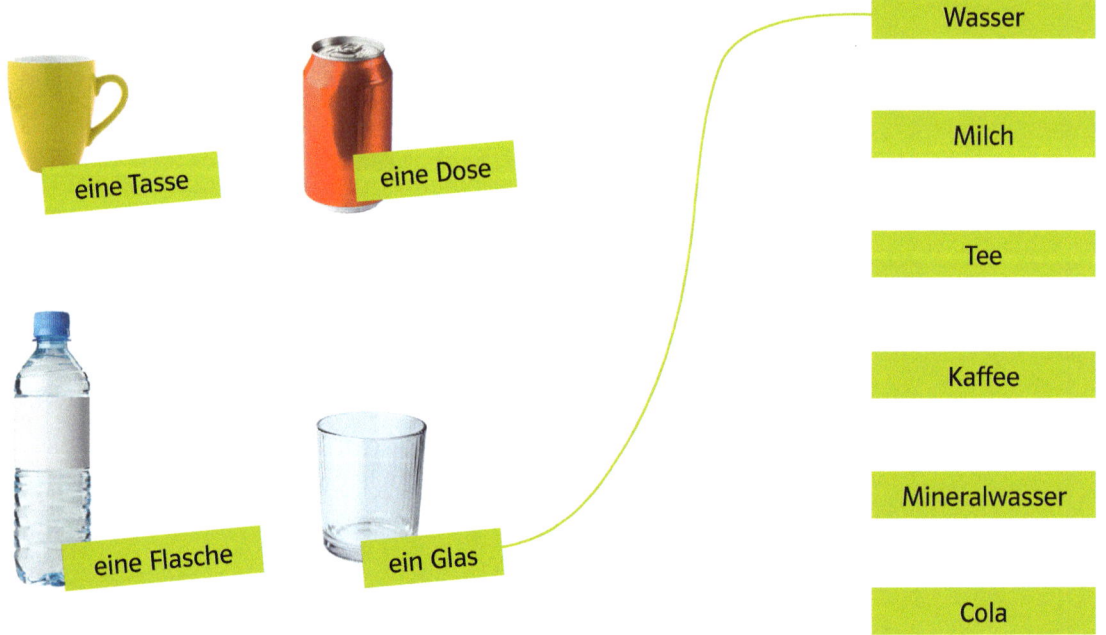

8 Fragt und antwortet wie im Beispiel.

- Trinkst du (trinken wir) eine Dose Cola?
 → Ja, gern.
 → Nein, danke.

9 Minidialoge: Übt zu zweit.

Beispiele:

- Was möchtest du trinken, Brigitte?
  Ein Glas Mineralwasser?
- Nein, ich möchte lieber eine Dose Cola.

- Was möchten Sie trinken, Frau Stein?
  Eine Tasse Kaffee?
- Nein, ich möchte lieber eine Tasse Tee.

> **Grammatik**
> - Was **möchtest** du trinken?
>   Was **möchten** Sie trinken?
> - Ich **möchte** …

10 Reihenübung: Fragt und antwortet.

Laura, möchtest du ein Glas Wasser? → Ja, gern. Paul, möchtest du eine Tasse Tee? →
Nein, lieber eine Dose Cola. Lukas, möchtest du …

S. 95–97: Ü. 5, 6, 7, 8

11 der, die, das? Schreib drei Listen in dein Heft.

Wasser   Milch   Cola   Dose   Tasse

Kaffee   Tee   Glas   Flasche   Mineralwasser

| der | die | das |

12

Das ist mein Zimmer.
Hier mache ich meine Hausaufgaben.
Das ist mein Computer, mit Internetanschluss.
Ich kann meinen Freundinnen E-Mails schicken.

Was stimmt?

a. Tina hat auch ein Zimmer.
b. Dort macht sie die Hausaufgaben.
c. Sie hat einen Computer.
d. Sie hat keinen Internetanschluss.

Wortschatz wiederholen!

13 Dialogpuzzle: Brigitte bekommt Besuch.
Schreib den Dialog in dein Heft. Spielt den Dialog zu dritt.

- Hallo, Tina, hallo Stefan. Kommt rein.
- Und ich ein Glas Wasser.
- Und dir Stefan?
- Mir geht's sehr gut. Und dir?
- Ja, gern. Was hast du?
- Wie geht's dir?
- Ich möchte eine Cola.
- Dann trinke ich eine Tasse Milch.
- Mir geht's auch gut.
- Es geht so.
- Cola, Mineralwasser, Milch.
- Möchtet ihr was trinken?

14 Was trinkt man?

Ein Glas ...
Eine Dose ...
Eine Flasche ...
Eine Tasse ...

S. 97: Ü. 9, 10

▶44 Aussprache! Hör gut zu und sprich nach!

- **ih:** **Ih**nen, **ih**r, **ih**m
- **eh:** g**eh**en, s**eh**r, m**eh**r
- **ee:** Kaff**ee**, T**ee**, M**ee**r
- **o:** D**o**se, C**o**la, gr**o**ß
- **o:** T**o**chter, B**o**nn, W**o**rt
- **ö:** m**ö**chte, zw**ö**lf, J**ö**rg
- **ß:** gro**ß**, Stra**ß**e, hei**ß**en
- **s:** **S**ie, **s**ehr, **S**uppe
- **s:** da**s**, e**s**, Gla**s**, Hau**s**

Du kannst …

fragen

Wie geht's dir?
Wie geht's Ihnen?

Was möchtest du trinken?
Was trinkst du?
Was möchten Sie trinken?
Was trinken Sie?

Möchtest du was trinken?
Möchten Sie was trinken?

auf Fragen antworten

Mir geht's gut / nicht so gut / sehr gut / schlecht. / Es geht. ✓

… … …

Ein Glas Wasser. / Ich möchte eine Cola. / Ich trinke lieber Tee. ✓

… … …

Ja, gern. / Nein, danke. ✓

S. 98: Ü. 11, 12, 13

▶45 Wir singen: Hallo, Jakob!

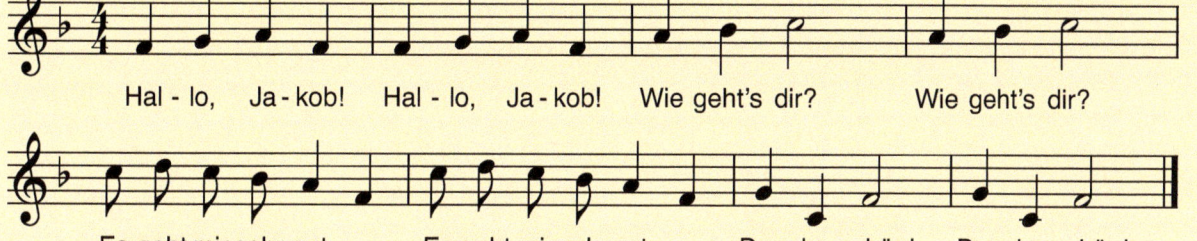

Hal - lo, Ja - kob! Hal - lo, Ja - kob! Wie geht's dir? Wie geht's dir?
Es geht mir sehr gut — Es geht mir sehr gut — Dan - ke schön! Dan - ke schön!

Hallo, Petra! Hallo, Petra!
Wie geht's dir? Wie geht's dir?

Nicht besonders gut. Nicht besonders gut.
Tut mir leid. Tut mir leid.

fünfundfünfzig

Modul 2 Training

Wir trainieren

hören / lesen

1 Lies zuerst die Antworten in Block I. Hör dann die Fragen. Welche Frage passt zu welcher Antwort? Mach nun dasselbe bei Block II. ▶46

I

a. Gut, danke! Nr. ?
b. Ich trinke eine Tasse Tee. Nr. ?
c. Nein, das ist ein Stuhl. Nr. ?
d. Ja, eine Katze. Nr. ?

Notier in deinem Heft: I

	a	b	…
Nr.	…	…	…

II

a. Es ist sehr gemütlich. Nr. ?
b. Nein, danke. Ich trinke nichts. Nr. ?
c. Wir wohnen in München. Nr. ?
d. Nein, das ist kein Bett. Nr. ?

Notier in deinem Heft: II

	a	b	…
Nr.	…	…	…

2 Elena stellt sich vor. Lies den Text.

Ich heiße Elena, bin 13 Jahre alt und wohne in Lugano. Lugano liegt im Tessin, in der Südschweiz. Ich habe einen Bruder und eine Schwester. Wir wohnen in einem modernen Einfamilienhaus. Es hat 5 Zimmer, eine Küche, zwei Bäder, einen Hobbyraum, eine Garage und einen Garten. Der Garten ist nicht sehr groß, aber wirklich schön.

Was stimmt?

1. Elena wohnt in der Schweiz.
2. Elena wohnt in einem Haus in Lugano.
3. Das Haus ist alt.
4. Es hat viele Zimmer.
5. Der Garten ist ziemlich groß.

**schreiben
sprechen**

3 Annette beschreibt ihr Zimmer. Lies den Text.

Ich habe ein Zimmer für mich allein, d.h. mein Bruder Christian hat sein eigenes Zimmer. Mein Zimmer ist o.k. Ich habe dort mein Bett, ein Sofa, einen Schreibtisch, meinen CD-Player und einen Computer. Das Zimmer ist nicht sehr groß, aber ich habe genug Platz. Ich bin sehr gern hier: Ich mache Hausaufgaben, schreibe E-Mails, spiele Gitarre. Mein Zimmer ist auch eine Art Treffpunkt für meine Freunde: Wir sprechen, hören Musik, surfen im Internet …
Ja, ich liebe mein Zimmer!

Beschreib dein Zimmer.
Schreib den Text in dein Heft.

Beispiel:

Mein Zimmer ist klein / groß. Ich habe ein Zimmer nur für mich allein. / Ich teile mein Zimmer mit meinem Bruder / meiner Schwester …

4 Spielt den Dialog: Fragt und antwortet.

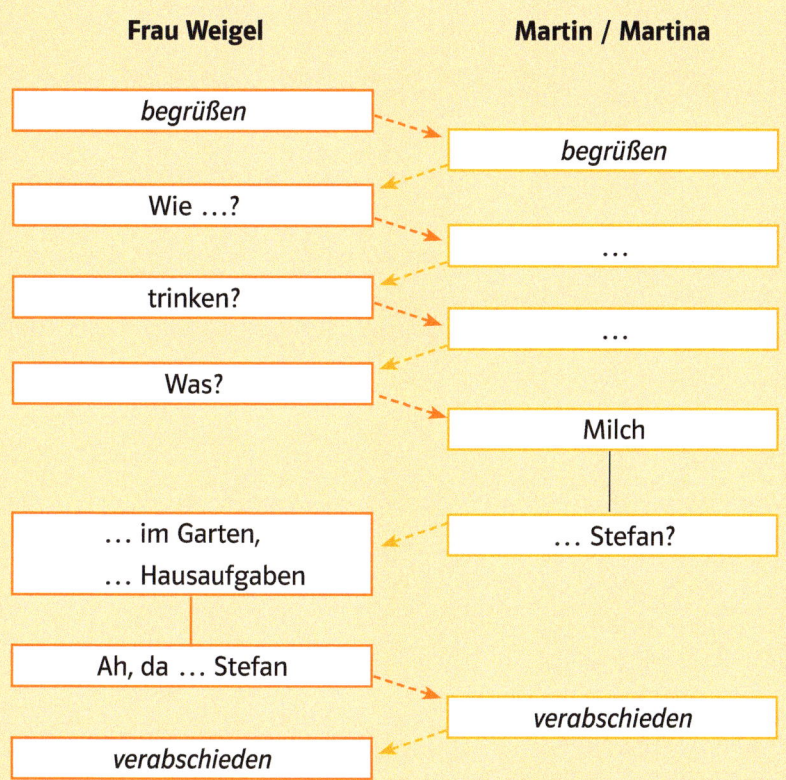

Grammatik

1. Personalpronomen (2)

der Tisch → er
die Lampe → sie
das Regal → es
die Eltern → sie

TIPP: Merk dir die Signal-Endungen.
-r (der, er), -e (die, sie), -s (das, es), -e (die, sie)

Lies laut.

Das ist mein CD-Player. ● ist sehr gut.
Und das ist meine Gitarre. ● ist neu.
Ist das dein Bett? – Ja, ● ist sehr groß.
Wo sind die Stühle? – ● sind im Abstellraum.

2. Bestimmter und unbestimmter Artikel

a. Lies die Tabelle.

	maskulin	feminin	neutral	Plural
bestimmter Artikel	der Tisch	die Lampe	das Bett	die Eltern
unbestimmter Artikel	ein Tisch	eine Lampe	ein Bett	Eltern

Ergänze die Regel:

Im Deutschen gibt es ● Artikel.

TIPP: Lern immer Artikel + Substantiv: der Tisch, die Lampe, das Bett.

b. Lies die Beispiele.

→ **Das** ist eine Lampe. Die Lampe ist sehr modern.
→ **Das** ist ein Regal. Das Regal ist praktisch.
→ **Das** ist das Wohnzimmer.
→ **Das** sind meine Eltern.

→ das: = Demonstrativ

Beachte: eine Lampe – die Lampe
(eine von vielen) (die hier)
ein Regal – das Regal
(ein Regal von vielen) (das hier)

c. Übersetze die Beispiele von b in deine Sprache.

58 achtundfünfzig

3. Die Fragewörter *wer?* und *was?*

Lies die Beispiele.

Wer ist das? – Das ist Frau Weigel.   Wer? → Personen
Was ist das? – Das ist eine Lampe.   Was? → Sachen
Was möchtest du trinken? Kaffee oder Tee?

4. Die Negation *nicht, kein* (1)

a. Lies die Beispiele.

Ist der Garten groß?   – Nein, er ist **nicht** groß.
Ist die Küche modern?   – Nein, sie ist **nicht** modern.

Ist das **ein** Sofa?   – Nein, das ist **kein** Sofa.

Beachte: Der Garten ist nicht groß, **aber** schön.
Das ist kein Schrank, **sondern** ein Regal. (↔)

b. Übersetze die Sätze in deine Sprache. Wie übersetzt du „aber" und „sondern"?

5. Wie geht's?

a. Lies die Beispiele.

Frage	oder:	Antworten
Wie geht's?	= Wie geht es Ihnen?	– Mir geht es gut.
(Kurzform)	(höflich: Singular und Plural)	Mir geht's gut.
	= Wie geht es dir?	– Mir geht es gut.
	(Freunde, Familie)	Mir geht's gut.

b. Wie sagt man in deiner Sprache?

6. Ich möchte ...

a. Lies das Beispiel.

Was **möchtest** du **trinken**? – Ich **möchte** ein Glas Mineralwasser **trinken**.

Beachte: **möchte** + Infinitiv

Ergänze die Regel:

„möchte" steht auf Position ●, der Infinitiv steht am ●.

b. Übersetze das Beispiel in deine Sprache. Wie sagst du „möchte"?

Modul 2 Grammatik

c. Schau die Tabelle an. Was fällt auf?

		(kein Infinitiv)	
1.	ich	möcht**e**	Singular
2.	du	möcht**est**	
3.	er, sie	möcht**e**	
1.	wir	möcht**en**	Plural
2.	ihr	möcht**et**	
3.	sie	möcht**en**	
4.	Sie	möcht**en**	höflich: Singular + Plural

Ergänze die Regel:

1. Person und 3. Person sind ⬢.

7. Satzstruktur

a. Lies die Beispiele.

Die Weigels	**wohnen**	in Augsburg.
Hier	**machen**	wir Hausaufgaben.
Kaffee	**trinke**	ich nicht so gern,
ich	**trinke**	lieber Tee.
1	2	3

b. Wo steht das **Verb**? Wo steht das Substantiv?

Ergänze die Regeln:

– Das Verb steht auf Position ⬢.
– Vor dem Verb steht das ⬢ oder ein ⬢ oder eine ⬢.
– Wenn vor dem Verb ein Adverb oder eine Ergänzung steht:
  → Substantiv nach dem Verb.

Wie ist es in deiner Sprache?

Lösungen für ⬢:

1 Das ist mein CD-Player. **Er** ist sehr gut. Und das ist meine Gitarre. **Sie** ist neu. Ist das dein Bett? – Ja, **es** ist sehr groß. Wo sind die Stühle? – **Sie** sind im Abstellraum.
2 Im Deutschen gibt es **drei** Artikel.
3 „möchte" steht auf Position 2, der Infinitiv steht **am Ende**.
4 1. Person und 3. Person sind **gleich**.
5 Das Verb steht auf Position 2. Vor dem Verb steht das **Substantiv** oder ein **Adverb** oder eine **Ergänzung**.

Hallo!

1 Schau die Fotos an und antworte auf die Fragen.

1

Karin

● Bist du Karin?

● _____

2

Tobias

● Heißt du Klaus?

● _____

3

Anna

● Wer bist du?

● _____

4

Hans

● Wie heißt du? Hans?

● _____

5

Nina

● Bist du Martina?

● _____

6

Birgit

● Bist du Brigitte?

● _____

einundsechzig **61**

2 heiße oder heißt?

- Heiß____ du Daniel?
- Ja, ich heiß____ Daniel. Und wie heiß____ du?
- Ich heiß____ Klaus.

3 Schreib die Sätze neu. Setze Satzzeichen. Achte auf Großbuchstaben.

1. halloichbinsimonewerbistdu

   _____

2. bistdumarionneinichbinkarin

   _____

3. heißtdupetrajaichheißepetra

   _____

4. grüßdichichheißehanswieheißtdu

   _____

4 Wie viel ist das?

vier und neun	=	*dreizehn*
elf und acht	=	_____
acht und zwei	=	_____
sieben und acht	=	_____
sechs und zehn	=	_____
achtzehn und zwei	=	_____
vier und sieben	=	_____
drei und sechs	=	_____

zweiundsechzig

5 Memory.

Falte ein Blatt Papier in der Mitte. Schreib links die Zahlen 1–10, rechts die Wörter eins, zwei, … Mach dasselbe mit den Zahlen 11–20 (= 40 Spielkarten). Schneide die Karten aus (✂). Spielt in Gruppen.

1	eins	11	elf
2	zwei	12	zwölf
3	drei	13	dreizehn
4	vier	14	vierzehn
5	fünf	15	fünfzehn
6	sechs	16	sechzehn
7	sieben	17	siebzehn
8	acht	18	achtzehn
9	neun	19	neunzehn
10	zehn	20	zwanzig

6 Schreib Dialoge.

Christian, 13

- Ich bin Christian. Wer bist du?
- Wie alt bist du, Monika?
- Ich bin dreizehn.

Monika, 12

- Ich bin Monika.
- Ich bin zwölf, und du, Christian?

Max, 14

- _____
- _____
- _____

Annette, 15

- _____
- _____

Jörg, 15

- _____
- _____
- _____

Eva, 13

- _____
- _____

7 bin oder bist?

1. ● Wer _____ du? _____ du Stefan?
   ○ Nein, ich _____ Hans.

2. ● Ich _____ Klaus. Ich _____ 12.
      Wie alt _____ du?
   ○ Ich _____ 13.

3. ● _____ du 13?
   ○ Nein, ich _____ 12.

8 Du triffst einen Freund / eine Freundin. Was sagst du?

Grüß dich!
Tschüs!
Auf Wiedersehen!
Hallo!

_____   _____

_____   _____

9 Schreib Sätze.

1. heiße • Martin • ich   Ich _____
2. du • wer • bist • ?   _____
3. bin • Klaus • ich   _____
4. bist • alt • wie • du • ? _____
5. bin • ich • 12   _____

10 Richtig schreiben: Ergänze.

1. w oder v: ___ir, ___ier, ___er
2. i oder ie: W___dersehen, w___, s___ben, s___ngen, Sp___l
3. s oder z: ___ehn, zwan___ig, ___echs
4. s oder ß: du bi___t, du hei___t; Grü___ dich! Tschü___!
5. a oder ah: der N___me, die Z___l

fünfundsechzig 65

Das ist meine Familie

1 Was passt zusammen?

1. Wer ist das?
2. Wie alt ist dein Bruder?
3. Wie heißt deine Schwester?
4. Wer ist Markus?
5. Ist das dein Vater?

a. Er ist mein Bruder.
b. Sie heißt Karin.
c. Das ist meine Oma.
d. Ja.
e. Er ist 13.

2 *er* oder *sie*?

Vater	Mutter	Bruder	Opa
Tante	*er*	*sie*	Freund
Onkel	Freundin	Oma	Schwester

3 *dein* oder *deine*? *er* oder *sie*?

1. ● Heißt _____ Schwester Susi?   ● Nein, _____ heißt Ulrike.
2. ● Heißt _____ Mutter Klara?   ● Ja, _____ heißt Klara.
3. ● Heißt _____ Onkel Georg?   ● Nein, _____ heißt Max.
4. ● Heißt _____ Freund Paul?   ● Ja, _____ heißt Paul.
5. ● Heißt _____ Oma Berta?   ● Ja, _____ heißt Berta.

4 Ein Stammbaum: Wer ist das?

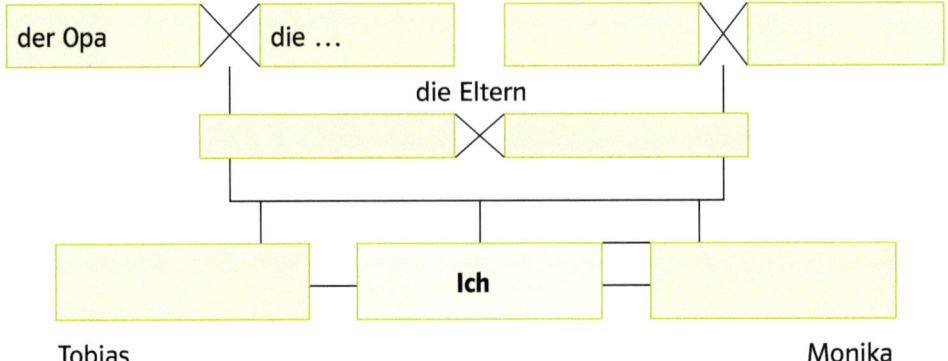

5 *ist* oder *sind*?

1. Das _____ Peter.

   Er _____ mein Bruder.

2. Das _____ die Eltern von Claudia.

3. Das _____ die Schwester von Klaus.

4. Das _____ Herr und Frau Meier.

   Sie _____ die Eltern von Sabine.

5. Das _____ Brigitte.

   Sie _____ die Freundin von Tina.

6 Ein Stammbaum: Wer ist das?

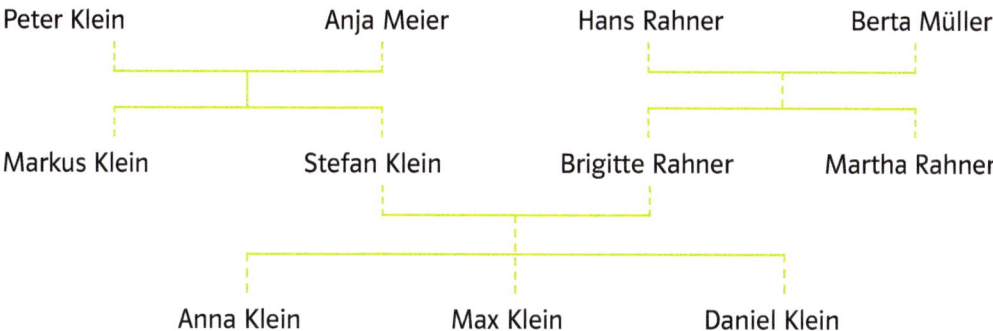

1. Sie ist die Mutter von Brigitte Rahner: *Berta Müller*
2. Er ist der Vater von Daniel Klein: _____
3. Sie ist die Schwester von Martha Rahner: _____
4. Er ist der Opa von Anna Klein: _____
5. Sie ist die Tante von Daniel Klein: _____
6. Er ist der Bruder von Markus Klein: _____
7. Er ist der Vater von Martha Rahner: _____
8. Sie ist die Mutter von Stefan Klein: _____

Modul 1 — Lektion 2

7 Nehmt ein Foto (der Bruder / die Schwester, …).
Sprecht zu zweit. Ergänzt den Dialog.

● Das ist _____ _____. (Bruder / Schwester / Freund / Freundin)
● Wie heißt _____?
● _____ _____ _____.
● Wie alt _____ _____?
● _____ _____ _____.
● _____ _____ hübsch.

8 *der* oder *die*?

1. Das ist _____ Bruder von Tina.
2. _____ Schwester von Stefan heißt Tina.
3. Ich bin _____ Freund von Lukas.
4. _____ Freundin von Karin ist sympathisch.
5. Das sind _____ Eltern von Klaus.
6. Wie heißt _____ Onkel von Stefan?

9 Schreib Sätze.

1. meine • das • Brigitte • Freundin • ist   *Das* _____
2. Tina • Schwester • Stefan • ist • die • von   _____
3. Freund • Stefan • von • der • Markus • heißt _____
4. das • Eltern • von • Stefan • die • sind   _____
5. heißt • wie • von • Onkel • Tina • der • ?   _____

10 Wie sagt man in deiner Sprache?

● Ist das dein Bruder / deine Schwester?
● Nein, das ist mein Freund / meine Freundin.
● Wie alt ist er / sie?
● 14.

11 Richtig schreiben: Ergänze.

1. *sch* oder *s*:   ____wester, ____piel; Viel ____paß!
2. *m* oder *mm*:   die Nu____er, die Fa____ilie, die O____a
3. *t* oder *d*:   der Va____er, der Bru____er, sie sin____, du bis____
4. *ei* oder *eu*: m____ne Fr____ndin, (9) n____n, (1) ____ns

   N____n, das ist nicht Markus, das ist Lukas.

Hast du Geschwister?

1 Wie viele Geschwister haben sie? Schreib ganze Sätze.

Thomas _hat zwei Schwestern._

Anja _____

Martina _____

Hans _____

Daniel _____

2 Hier sind Adjektive versteckt. Wie viele findest du?

1. stunettaopblödderlustigalustrengewrdoofkll
_____

2. tpsympathischswilangweiligitnfreundlich
_____

neunundsechzig **69**

3) Wie sind sie? Ergänze die Sätze.

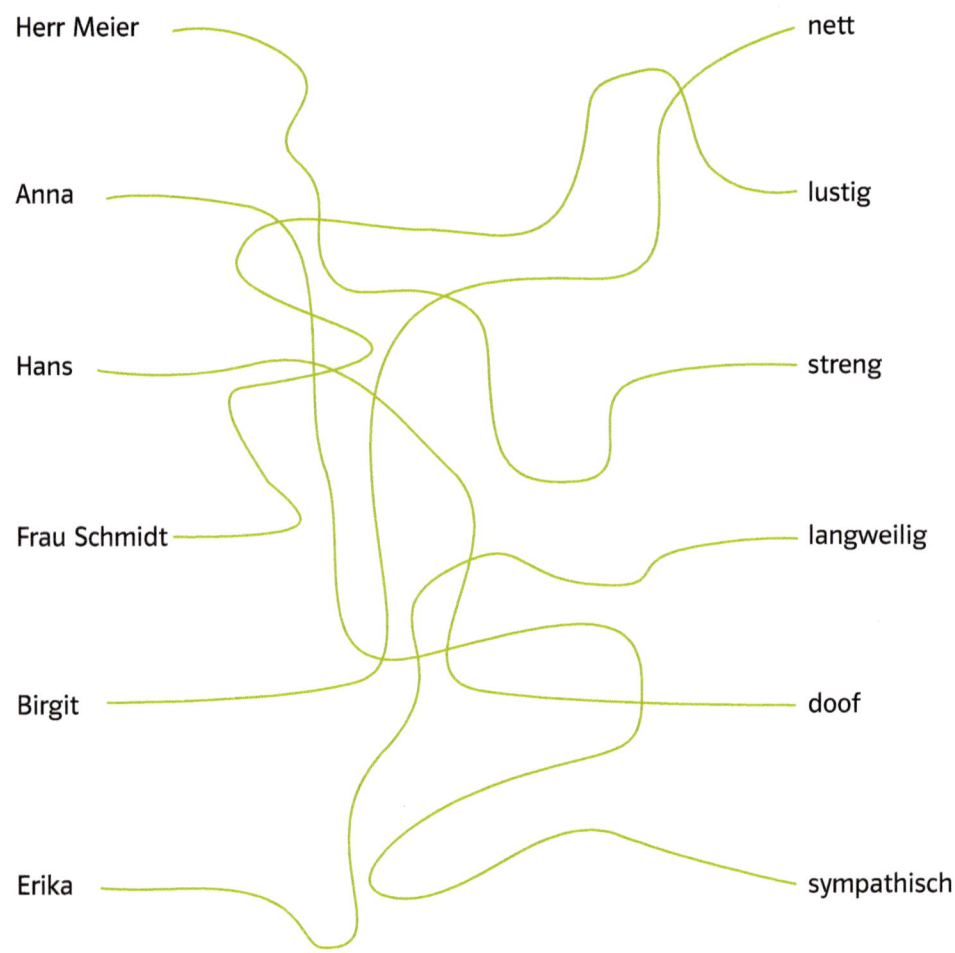

1. Herr Meier ist *streng.*
2. Anna ist _____
3. Hans ist _____
4. Frau Schmidt ist _____
5. Birgit ist _____
6. Erika ist _____

Modul 1 — Lektion 3

4 Schreib die Zahlen in Buchstaben. Lies die Zahlen dann laut.

0 _____

1 _____	10 _____	11 _____	100 (ein) _____
2 _____	12 _____	20 _____	22 _____
3 _____	13 _____	30 _____	33 _____
4 _____	14 _____	40 _____	44 _____
5 _____	15 _____	50 _____	55 _____
6 _____	16 _____	60 _____	66 _____
7 _____	17 _____	70 _____	77 _____
8 _____	18 _____	80 _____	88 _____
9 _____	19 _____	90 _____	99 _____

200 _____

300 _____

600 _____

700 _____

1000 (ein) _____

125 _____

350 _____

466 _____

5 Welche Zahlen hörst du? Kreuz an. ▶17

Spiel 1

1	2	3	4	5	6	7
8	9	10	11	12	13	14
15	16	17	18	19	20	21
22	23	24	25	26	27	28
29	30	31	32	33	34	35
36	37	38	39	40	41	42
43	44	45	46	47	48	49

Spiel 2

1	2	3	4	5	6	7
8	9	10	11	12	13	14
15	16	17	18	19	20	21
22	23	24	25	26	27	28
29	30	31	32	33	34	35
36	37	38	39	40	41	42
43	44	45	46	47	48	49

Spiel 3

1	2	3	4	5	6	7
8	9	10	11	12	13	14
15	16	17	18	19	20	21
22	23	24	25	26	27	28
29	30	31	32	33	34	35
36	37	38	39	40	41	42
43	44	45	46	47	48	49

Spiel 4

1	2	3	4	5	6	7
8	9	10	11	12	13	14
15	16	17	18	19	20	21
22	23	24	25	26	27	28
29	30	31	32	33	34	35
36	37	38	39	40	41	42
43	44	45	46	47	48	49

einundsiebzig

6 Hör zu. Schreib die Telefonnummern zu den Personen. ▶18

Name	Telefonnummer
1. Heinz Bender	
2. Annette Schulz	
3. Peter Kohl	
4. Astrid Knopp	

7 Was passt zusammen?

1. Sind Sie verheiratet?
2. Haben Sie Kinder?
3. Wie alt sind Sie?
4. Wer sind Sie?
5. Haben Sie Geschwister?
6. Sind Sie der Vater von Hans?

a. Ich bin 41.
b. Nein, von Markus.
c. Ich bin Herr Müller.
d. Ja, ich bin verheiratet.
e. Ja, einen Sohn.
f. Nein, ich bin Einzelkind.

8 Frag höflich (Sie).

1. _____?
   Ich heiße Renate Weigel.

2. _____?
   Ich bin die Mutter von Tina.

3. _____?
   Ja, ich bin der Vater von Stefan.

4. _____?
   Nein, ich heiße Minka Kurz.

5. _____?
   Ja, ich bin Herr Weigel.

9 *heiße* oder *heißen*? *bin* oder *sind*?

● Entschuldigung, heiß_____ Sie Müller?

● Ja, ich heiß_____ Müller. Und Sie?

   Wie heiß_____ Sie?

● Ich heiß_____ Bauer, Anna Bauer.

● Wer _____ Sie?

   _____ Sie Herr Wagner?

● Nein, ich _____ Herr Langer.

   Und Sie? Wer _____ Sie?

● Ich _____ Frau Schulz.

   Ich _____ die Mutter von Klaus.

10 *eine* oder *einen*?

1. Ich habe _____ Bruder.
2. Susi hat nur _____ Onkel.
3. Frau Götz hat _____ Tochter.
4. Haben Sie Geschwister? – Ja, _____ Schwester und _____ Bruder.
5. Herr Beck hat _____ Sohn.
6. Frau Hansmann hat _____ Tochter und _____ Sohn.

11 Wer ist das? Notier die Informationen. ▶21

	1.	2.	3.	4.
Name				
Sohn / Tochter von				
Bruder / Schwester von				
Alter				

dreiundsiebzig

Modul 1 Lektion 3

12 Schreib Sätze.

1. Vater • ich • Tina • von • bin • der   Ich _____
2. Sie • wer • sind • ?   _____
3. habe • Bruder • ich • einen   _____
4. Mutter • ist • von • Peter • die • sympathisch   _____
5. Schwester • ist • meine • doof   _____
6. Telefonnummer • wie • deine • ist • ?   _____

13 Was fehlt? Ergänze.

1. _____ heißt du?
2. _____ alt bist du?
3. _____ ist deine Telefonnummer?
4. _____ du Thomas?
5. _____ du Geschwister?
6. _____ du Einzelkind?
7. _____ Sie Hans Schulz?
8. _____ Sie verheiratet?
9. _____ du verheiratet?
10. _____ sie verheiratet?

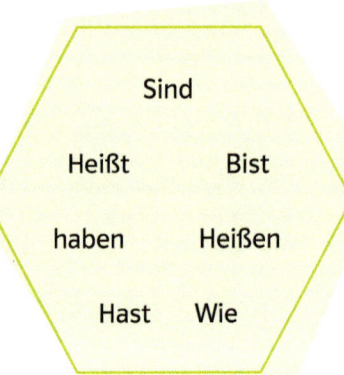

Sind Heißt Bist haben Heißen Hast Wie

14 Richtig schreiben: Ergänze.

1. *o*, *oo* oder *oh*:   S____n, T____chter, d____f, ____ma
2. *d* oder *t*:   hunder____, tausen____, Kin____
3. *ch* oder *g*:   i____, langweili____, freundli____
4. *ei* oder *ie*:   v____le, v____rzig, verh____ratet
5. *ei* oder *eu*:   fr____ndlich, langw____lig, dr____ßig, Fr____nd
6. *sch* oder *ch*:   Ge____wister, Ent____uldigen Sie, ni____t

Wo wohnt ihr?

1 Was passt zusammen?

1. Wohnst du in Berlin?
2. Wo wohnt ihr?
3. Wo liegt Augsburg?
4. Wie viele seid ihr zu Hause?
5. Wo wohnen die Weigels?

a. Bei München.
b. Wir sind drei.
c. Sie wohnen in Augsburg.
d. Nein, ich wohne in Bonn.
e. Wir wohnen in Frankfurt.

2 Ergänze: *bin, bist, ist, sind, seid*?

1. Wir _____ drei zu Hause.
2. Wer _____ du? – Ich _____ Martin.
3. Herr und Frau Weigel _____ die Eltern von Tina und Stefan.
4. Das _____ meine Schwester und das _____ mein Bruder.
5. Wie viele _____ ihr zu Hause?

3 Ergänze: *wohne, wohnst, wohnt, wohnen*?

1. Wir _____ in München. Wo _____ ihr?
2. Die Weigels _____ in Augsburg.
3. _____ du in Bonn? – Nein, ich _____ in Berlin.
4. _____ ihr in Frankfurt? – Ja, wir _____ in Frankfurt.
5. Peter _____ in München. Die Eltern von Peter _____ auch in München.
6. Udo _____ in Bonn. Sein Vater _____ aber in Stuttgart.

fünfundsiebzig **75**

Modul 1
Lektion 4

4 Wo liegen die Städte? Schreib die Namen zu den Zahlen. Ein Atlas hilft.

München – Augsburg – Wien – Frankfurt – Salzburg – Hamburg
Berlin – Bozen – Zürich – Bonn

1. _____
2. _____
3. _____
4. _____
5. _____
6. _____
7. _____
8. _____
9. _____
10. _____

5 Schreib Fragen und Antworten.

1. Bern
2. München
3. Salzburg
4. Augsburg
5. Lugano
6. Wien
7. Hamburg
8. Frankfurt

in Süddeutschland
in Norddeutschland
in Mitteldeutschland
in der Schweiz
in Österreich

1. Wo liegt Bern? – Bern liegt in der Schweiz.

2. _____
3. _____
4. _____
5. _____
6. _____
7. _____
8. _____

sechsundsiebzig

6 Wo wohnen sie? Schreib die Antworten.

1. Sabine und Markus — Rom
2. Herr und Frau Klein — Zürich
3. Paola und Mario — Bozen
4. Ali und Behrang — Salzburg
5. Herr und Frau Wolters — Frankfurt
6. Jutta und Martina — München

1. Sabine und Markus wohnen in
2.
3.
4.
5.
6.

siebenundsiebzig

7 Stell die Personen vor.

1. Stefan • 11 • Augsburg

   Das ist _____

2. Herr und Frau Kaiser • 39 und 36 • Bonn

   _____

3. Martin Langer • 25 • München

   _____

4. Frau Stein • 32 • Frankfurt

   _____

5. Max und Moritz • 13 • Wien

   _____

8 Was sagen die Personen? Antworte auf die Fragen.

Servus, mein Name ist Werner und ich wohne in Graz. Das liegt in Österreich.

Guten Tag. Ich bin Herr Schön. Ich bin der Vater von Peter.

Tag! Ich bin Anna. Ich bin die Freundin von Ali. Ich wohne in Berlin.

Hallo! Ich heiße Sebastian und wohne in München.

1. Wo wohnt Werner? _____
2. Wer wohnt in Berlin? _____
3. Wer ist Herr Schön? _____
4. Wo wohnt Sebastian? _____
5. Wo liegt Graz? _____
6. Wer ist die Freundin von Ali? _____

9 Dein Personalausweis. Ergänze.

Name: _____

Vorname: _____

Alter: _____

Wohnort: _____

Adresse: _____

Telefon: _____

E-Mail: _____

Geschwister: _____

dein Foto

10 Im Hotel: Herr Wolf füllt das Formular aus. Hilf ihm.

Hotel Excelsior München

Kaufingerstraße 14 · 80335 München · Telefon 0 89 / 22 46 15

Tag der Ankunft / Date of arrival / Date de l'arrivée		
Name (bei Frauen auch Geburtsname) / Name (maiden name) / Nom (née)		Vorname / Christian name / Prénom
Geburtstag / Date of birth / Date de naissance	Geburtsort / Place of birth / Lieu de naissance	Staatsangehörigkeit / Nationality / Nationalité
Wohnort / Residence / Domicile — Gemeinde, Kreis / Town / Ville — Land / State / Pays		
Straße, Nr. / No., Street / No., Rue		
Falls mit Begleitung / If accompanied by other / Si accompagné d'autre personne:		
Vorname / Christian name / Prénom	Geborene / Maiden name / Née	Geburtstag / Place of birth / Lieu de naissance
Geburtsort / Place of birth / Lieu de naissance	Staatsangehörigkeit / Nationality / Nationalité	Falls mit Kindern (Anzahl) / Children (number) / Enfant (nombre)
Zimmer	Preis	Personen	Abreise	
Firma		Zeichen		Unterschrift / Signature

Dr. Peter Wolf
Frankfurt, **23.11.1958**
Schellingstraße **13**
München

Eva Wolf geb. Schmidt
Hamburg, **17.07.1961**
Schellingstraße **13**
München

Daniel Wolf
München, **12.11.1991**
Schellingstraße **13**
München

Modul 1 · Lektion 4

11 Interview mit Frau Wolf und Daniel: Spielt zu dritt.

begrüßen

Name?

Wie viele Kinder?

Wie alt?

Wohnort?

Wo liegt das?

Adresse?

E-Mail-Adresse?

verabschieden

Ich bin Frau Wolf.

Guten Tag, wer sind Sie?

Und du, wie heißt du?

Ich heiße Daniel.

12 Schreib Sätze.

1. ihr • in • Berlin • wohnt • ?
Wohnt _____

2. Potsdam • Berlin • bei • liegt
_____

3. zu Hause • vier • wir • sind
_____

4. eine • du • E-Mail-Adresse • hast • ?
_____

5. München • in • Behrang • wohnt • ?
_____

13 Ergänze.

Servus, _____ Name ist Roland Maurer, ich _____ in Linz.

Linz liegt _____ Österreich. _____ Freundin _____ Anna.

Sie _____ in Pasing. Das liegt _____ München.

Ihre Telefonnummer _____ 089/34 54 78.

Meine _____ ist: roland.maurer@chello.at

80   achtzig

14 Hier findest du 8 Wörter für den Personalausweis. Notier die Wörter mit dem Artikel.

A	X	L	P	R	T	B	V	U	V	K	E	L
V	O	K	D	G	Y	Z	O	L	M	C	A	S
N	M	A	E	F	W	A	R	U	E	M	O	T
T	E	L	E	F	O	N	N	U	M	M	E	R
T	S	T	E	M	H	X	A	T	A	S	A	A
O	L	E	L	W	N	A	M	E	I	H	J	S
X	E	R	P	F	O	Y	E	U	L	M	N	S
S	U	T	A	D	R	E	S	S	E	V	W	E
W	V	B	H	E	T	X	N	U	L	P	S	T

das Alter, _____
_____
_____
_____

15 Was gehört zusammen? Verbinde.

0043 / 01 / 524 56 93   Hausnummer

Langerstraße 15   Zahl

Chris2000@free.de   Telefonnummer

2356   E-Mail-Adresse

16 Was ist richtig? Was ist falsch? Streich durch.

Österreich	~~Osterreich~~	Östereich
Deitschland	Deutschland	Deuschland
Schwaiz	Schweits	Schweiz
Berlin	Berlien	Bärlin
Münschen	Munchen	München
Franfort	Frankfurt	Franfurt

einundachtzig 81

Modul 1 Wortschatz

Wortschatz Modul 1 (Lektion 1–4)

Hier findest du die Einzelwörter und die Sätze aus den Lektionen Seite für Seite.
Bei Substantiven steht auch die Pluralform. Ganz links findest du die Seitenzahl im Kursbuch.
Schreib die Übersetzung in die rechte Spalte.

	Lektion 1:		Meine Sprache
6	Hallo!		
	grüßen	Grüß dich!	
	ich		
	ich bin	Ich bin Tina.	
	heißen	Ich heiße Tina.	
	Wer?	Wer ist das?	
	du	Wer bist du?	
	Wie?	Wie heißt du?	
	und	Und ich heiße …	
7	ja	Ja, ich bin Andrea.	
	nein	Nein, ich heiße Markus.	
	der Name, die Namen		
	das Mädchen, die Mädchen	Namen für Mädchen	
	der Junge, die Jungen	Namen für Jungen	
	die Frau, die Frauen	Frau Bauer	
	der Herr, die Herren	Herr Lange	
	das Foto, die Fotos		
8	das Spiel, die Spiele		
	der Würfel, die Würfel	Ein Spiel mit Würfeln	
	die Zahl, die Zahlen		
	Gewonnen!		
9	alt	Wie alt bist du?	
	Tschüs!		
	wiedersehen	Auf Wiedersehen!	
	sich verabschieden		
11	singen	Wir singen.	

Modul 1 Wortschatz

der Tag, die Tage		
gut	Guten Tag!	
die Leute (Plural)	Hallo, Leute …	
da	Ich bin da.	
aus	Ich bin aus Düsseldorf.	

Meine neuen Wörter

	Lektion 2:		Meine Sprache
12	die Familie, die Familien	Das ist meine Familie.	
	der Vater, die Väter	Das ist mein Vater.	
	die Mutter, die Mütter	Das ist meine Mutter.	
	der Bruder, die Brüder	Das ist mein Bruder Stefan.	
13	dein, deine	deine Familie	
	malen		
	der Stammbaum, die Stammbäume	Mal einen Stammbaum.	
	kleben	Klebe Fotos in den Stammbaum.	
	der Opa, die Opas	mein Opa	
	die Oma, die Omas	meine Oma	

dreiundachtzig

Modul 1 — Wortschatz

	die Mutti, die Muttis	meine Mutti
	die Mama, die Mamas	meine Mama
	der Vati, die Vatis	mein Vati
	der Papa, die Papas	mein Papa
	die Schwester, die Schwestern	meine Schwester
	vorstellen	Stell deine Familie vor.
14	kopieren	
	die Seite, die Seiten	Kopier die Seite.
	ausschneiden	
	die Spielkarte, die Spielkarten	Schneide die Spielkarten aus.
	der Spaß	Viel Spaß!
	die Eltern (Plural)	die Eltern von Stefan und Tina
	von	
	die Tante, die Tanten	Das ist Tante Eva.
	der Onkel, die Onkel	Das ist Onkel Hans.
	der Freund, die Freunde	Mein Freund heißt Klaus.
	die Freundin, die Freundinnen	Lisa ist meine Freundin.
	die Karte, die Karten	
15	die Nummer, die Nummern	Wer ist Nummer 2?
	das	Das ist Berta Weigel.
	sie (Singular)	Sie ist die Oma von Stefan und Tina.
	sie (Plural)	Sie sind die Eltern von Stefan und Tina.
	er	Er ist der Bruder von Tina.
	schreiben	
	die Liste	Schreib drei Listen.
16	das Kreuzworträtsel, die Kreuzworträtsel	
	das Wort, die Wörter	
	das Heft, -e	Schreib die Wörter in dein Heft.

Meine neuen Wörter

Lektion 3:		Meine Sprache
18	die Geschwister (Plural)	Hast du Geschwister?
	haben, du hast, er hat	Ich habe eine Schwester.
	das Einzelkind, die Einzelkinder	Ich bin ein Einzelkind.
19	viele	Ich habe viele Geschwister.
	charakterisieren	Leute charakterisieren
	Wie?	Wie sind sie?
	das Beispiel, die Beispiele	Fragt und antwortet wie im Beispiel.
	nett	Sie sind nett.
	lustig	Meine Oma ist lustig.
	sympathisch	Er ist sympathisch.
	freundlich	Sie ist sehr freundlich.
	doof	Dein Bruder ist doof.
	blöd	Ich bin nicht blöd.
	langweilig	Das ist langweilig.
	streng	Mein Vater ist streng.
20	die Telefonnummer, die Telefonnummern	Wie ist deine Telefonnummer? Meine Telefonnummer ist …
	anschauen	

fünfundachtzig

Modul 1 — Wortschatz

	das Bild, die Bilder	Schaut die Bilder an.
21	heute	
	das Kind, die Kinder	
	die Lehrerin, die Lehrerinnen	Heute fragen die Kinder die Lehrerin.
	entschuldigen	
	bitte	Entschuldigen Sie bitte.
	Ihr, Ihre	Wie ist Ihre Telefonnummer?
	verheiratet	Sind Sie verheiratet?
	das Interview, die Interviews	
	der Sohn, die Söhne	Er hat einen Sohn.
	die Tochter, die Töchter	Sie hat eine Tochter.
	das Telefon, die Telefone	
22	kein, keine, kein	Sie hat keine Kinder.
23	ganz	die ganze Familie

Meine neuen Wörter

Lektion 4:   **Meine Sprache**

25 Wie viele?

    das Haus, die Häuser

    zu Hause   Wie viele seid ihr zu Hause?

    wohnen   Wo wohnt ihr?

    in Augsburg   Wir wohnen in Augsburg.

    liegen   Wo liegt Augsburg?

    denn   Wo liegt das denn?

    Süddeutschland   In Süddeutschland
    bei   bei München.

26 die Reporterin,   Was fragt die Reporterin?
    die Reporterinnen

    die Adresse, die Adressen   Tina, wie ist deine Adresse?

    die Straße, die Straßen   Jakoberstraße 18

    die E-Mail, die E-Mails

    die E-Mail-Adresse,
    die E-Mail-Adressen

    auch   Hast du auch eine
                                E-Mail-Adresse?

27 zeigen

    die Stadt, die Städte

    die Landkarte,   Zeig die Städte auf
    die Landkarten   der Landkarte.

    Norddeutschland   Kiel liegt in
                                Norddeutschland.

    Mitteldeutschland

    die Weigels   Wo wohnen die Weigels?

28 die Tabelle, die Tabellen

    machen   Mach eine Tabelle.

29 der Vorname, die Vornamen

    das Alter (Singular)

    der Wohnort, die Wohnorte

30 der Personalausweis,
    die Personalausweise

Modul 1 — Wortschatz

	das Arbeitsbuch, die Arbeitsbücher	Nimm deinen Personalausweis im Arbeitsbuch.
31	fragen	
	antworten	
	vielleicht	Wohnst du vielleicht in München?
33	lesen	
	der Text, die Texte	Lies den Text.
35	ziehen	Zieht eine Karte.
	möglich	
	die Frage, die Fragen	mögliche Fragen
	die Antwort, die Antworten	mögliche Antworten

Meine neuen Wörter

Das Haus von Familie Weigel

1 Wie heißen die Zimmer?

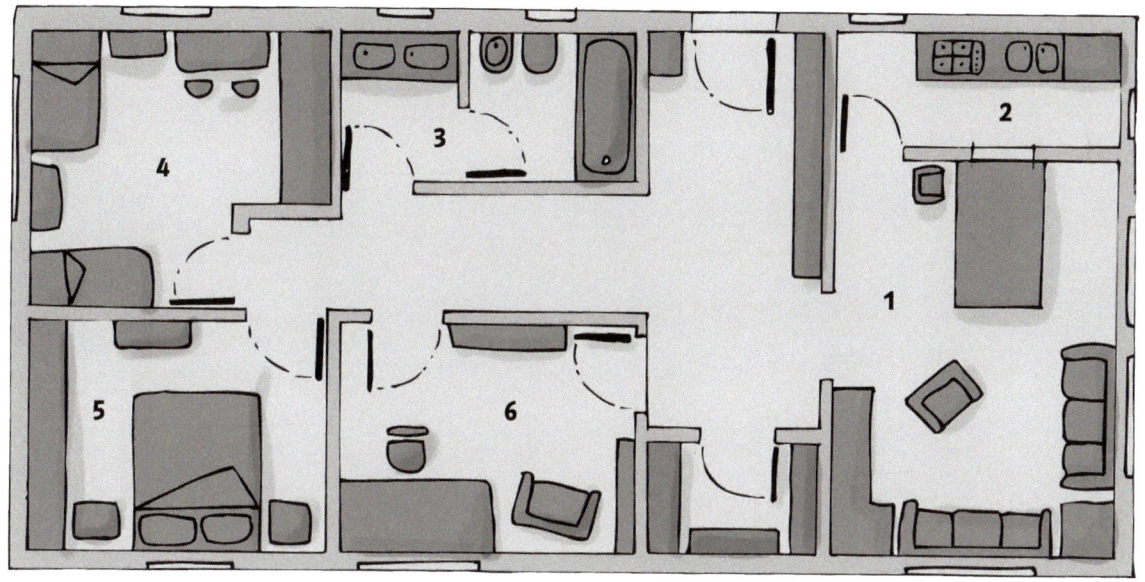

1. _____
2. _____
3. _____
4. _____
5. _____
6. _____

2 Was passt zusammen?

der Garten   die Küche   das Wohnzimmer

er   sie   es

der Abstellraum   das Schlafzimmer   das Bad

neunundachtzig **89**

Modul 2 Lektion 1

3 Ergänze: *der, die, das*? er, sie, es?

1. Wie ist _____ Wohnzimmer?   _____ ist gemütlich.
2. Wie ist _____ Garten?   _____ ist sehr groß.
3. Wie ist _____ Küche?   _____ ist klein.
4. Wie ist _____ Bad?   _____ ist nicht sehr groß.
5. Wie ist _____ Abstellraum?   _____ ist nützlich.
6. Wie ist _____ Arbeitszimmer?   _____ ist praktisch.

4 Suchen und finden: Hier sind 9 Wörter versteckt. Notier die Wörter mit dem Artikel.

S	O	F	A	E	H	Ä	O
T	C	D	L	A	M	P	E
U	A	U	K	Ü	C	H	E
H	S	S	R	B	E	T	T
L	Z	C	J	A	D	F	I
P	O	H	T	D	R	E	S
Y	P	E	A	Ü	S	K	C
A	R	E	G	A	L	K	H

das Bett

5 *Was ist das?* Antworte wie im Beispiel.

Ein Sofa?
Nein, kein Sofa. Ein Tisch.

Eine Dusche?
_____

Ein Bett?
_____

Ein Regal?
_____

Ein Stuhl?
_____

Eine Lampe?
_____

6 Antworte negativ.

1. Ist der Tisch praktisch?   Nein, *er ist nicht praktisch.*
2. Ist die Lampe modern?   Nein, _____
3. Ist das Sofa bequem?   Nein, _____
4. Ist das Bad groß?   Nein, _____
5. Ist die Küche schön?   Nein, _____
6. Ist der Stuhl klein?   Nein, _____

7 *nicht* oder *kein/keine*?

1. Das ist _____ Tisch.
2. Das Wohnzimmer ist _____ sehr groß.
3. Die Küche ist _____ klein. Sie ist groß.
4. Nein, das ist _____ Lampe.
5. Der Abstellraum ist _____ gemütlich.
6. Was ist das? Ein Sofa? Nein, _____ Sofa.

8 *nicht ..., sondern* oder *kein/keine ..., sondern*

1. Was ist das? Ein Sofa?
   Nein, das ist kein Sofa, sondern _____.
2. Ist die Küche groß? (klein)
   Nein, sie ist nicht _____.
3. Ein Stuhl? Ist das ein Stuhl?
   Nein, _____.
4. Ist der Abstellraum gemütlich?
   Nein, _____.
5. Ist das deine Schwester? (Tante)
   Nein, _____ meine _____, _____.

9 Suchen und finden: Hier sind 10 Gegenstände versteckt. Notier sie mit dem Artikel. Denk an die Großbuchstaben.

strlampesktischbettalstuhlduschecdsofaschrankgeregalfrcomputerbaum

1. die _____
2. _____
3. _____
4. _____
5. _____
6. _____
7. _____
8. _____
9. _____
10. _____

10 Hör zu. Was gehört zusammen? Kreuz an. ▶38

	schön	nützlich	modern	gemütlich	groß	praktisch	klein
Wohnzimmer	○	○	○	○	○	○	○
Lampe	○	○	○	○	○	○	○
Schrank	○	○	○	○	○	○	○
Tisch	○	○	○	○	○	○	○
Garten	○	○	○	○	○	○	○
Computer	○	○	○	○	○	○	○

11 *und* oder *aber*?

1. Das Wohnzimmer ist groß, _____ gemütlich.
2. Der Abstellraum ist praktisch _____ nützlich.
3. Der Garten ist klein, _____ schön.
4. Das Sofa ist modern _____ schön.
5. Der Schrank ist schön, _____ klein.

Modul 2 Lektion 1

12 Stell Fragen.

1. _____? – Ja, das ist ein Tisch.
2. _____? – Es ist gemütlich.
3. _____? – Ein Bett.
4. _____? – Nein, das ist kein Sofa.
5. _____? – Sie ist klein.
6. _____? – Ja, er ist sehr groß.

13 *der, die das* oder *ein / eine* ?

_____ Haus von Familie Weigel ist groß und schön. Es hat _____ Wohnzimmer, _____ Küche, _____ Bad und _____ Schlafzimmer. Frau Weigel hat auch _____ Arbeitszimmer. _____ Garten ist sehr schön. _____ Küche ist klein, aber modern. Auch _____ Bad ist klein. _____ Wohnzimmer ist sehr gemütlich.

14 Was passt zusammen?

	Wohn-		_____
das	Arbeits-	-zimmer	_____
der	Abstell-	-raum	_____
	Schlaf-		_____

15 Alles falsch! Schreib die Wörter richtig.

falsch	richtig
das Wonzimer	_____
das Schlahfzimer	_____
das Bat	_____
die Kuche	_____
die Dousche	_____
das Bet	_____
der Compüter	_____
der Schrak	_____
praktich	_____

dreiundneunzig

Ein Besuch

1 Was sagst du? Ordne zu.

Tag!   Wie geht's Ihnen?   Hallo!   Guten Tag!

Grüß dich!   Wie geht's dir?   Guten Abend!

2 Was sagst du?

Florian	Hallo, Florian! Wie geht's dir?
Herr Weigel	Guten Tag.
Bettina	
Frau Schulz	
Frau Bauer	
Markus	
Sabine	

3 Was antworten sie? Markier das passende Smiley. ▶42

Thomas	☺	😐	☹
Herr Beck	☺	😐	☹
Frau Meier	☺	😐	☹
Professor Müller	☺	😐	☹
Martina	☺	😐	☹

4 Ergänze: *mir, dir, Ihnen*?

1. ● Hans, wie geht's _____?
   ○ _____ geht's gut.

2. ● Herr Hoffmann, wie geht's _____?
   ○ _____ geht's schlecht.

3. ● Frau Meier, wie geht's _____?
   ○ _____ geht's leider nicht so gut.

4. ● Sabine, wie geht's _____?
   ○ _____ geht es sehr gut, danke.

5 Schreib Sätze wie im Beispiel.

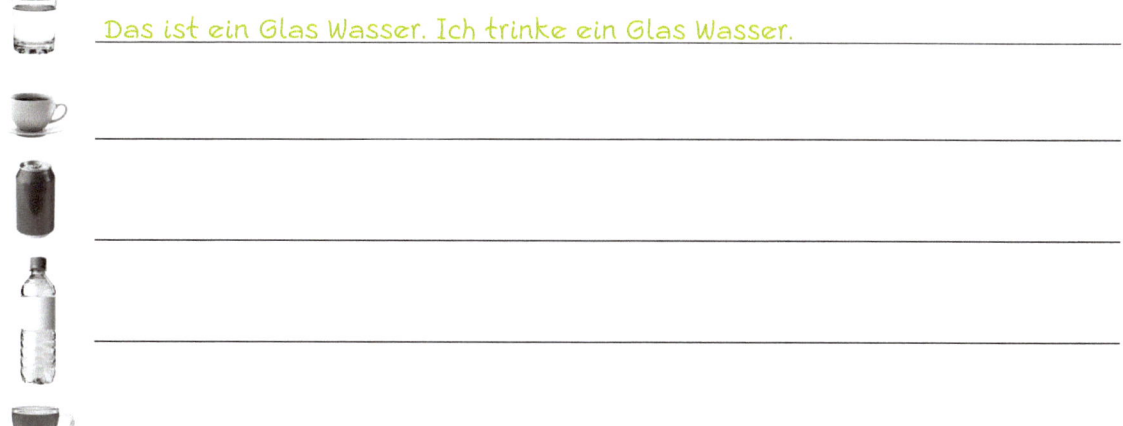

Das ist ein Glas Wasser. Ich trinke ein Glas Wasser.

6 Was trinken sie? Schreib kurze Dialoge.

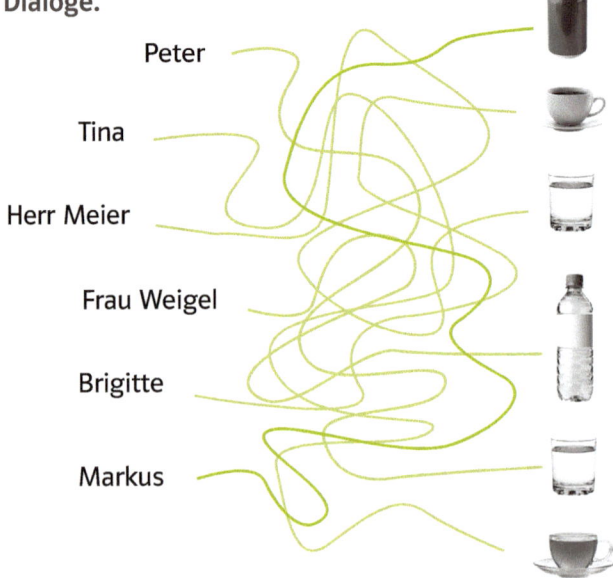

- Peter, <u>was möchtest du trinken?</u> ● <u>Ich trinke ein Glas Wasser.</u>
- Tina, _____
- Herr Meier, _____
- Frau Weigel, _____
- Brigitte, _____
- Markus, _____

7 Was passt zusammen?

1. Trinkst du ein Glas Mineralwasser?
2. Was möchten Sie, Herr Seitz? Kaffee?
3. Möchtest du ein Glas Milch?
4. Was möchtest du?
5. Wie geht's, Hans?
6. Geht es Ihnen gut, Frau Kohl?

a. Gut, danke.
b. Ich möchte eine Cola.
c. Ja, ein Glas Mineralwasser trinke ich immer gerne.
d. Nein, danke.
e. Ja, danke, mir geht's sehr gut.
f. Nein, ich möchte lieber Tee.

8 Ergänze: *möchte, möchtest, möchten?*

- Herr Wagner, was _____ Sie trinken?
- Ich _____ eine Tasse Kaffee.
- Und du, Andreas? Was _____ du?
- Ich _____ ein Glas Mineralwasser.
- Und du, Claudia? _____ du auch etwas trinken?
- Nein, danke.

9 Ergänze die richtige Form von *trinken*.

1. _____ du ein Glas Wasser?
   - Ja, ein Glas Wasser _____ ich gern.
2. Frau Meier, _____ Sie eine Tasse Tee?
   - Ja, Tee _____ ich immer gern.
3. Was _____ Petra? Eine Cola?
   - Nein, sie _____ eine Tasse Tee.
4. _____ ihr Mineralwasser?
   - Ja, Mineralwasser _____ wir gern.
5. Was _____ wir? Kaffee oder Tee?
   - Ich _____ lieber Tee.

10 Hör zu. Was trinken sie? ▶43

Florian	Frau Seitz	Bettina	Herr Bauer
○ Cola	○ Wasser	○ Tee	○ Mineralwasser
○ Tee	○ Kaffee	○ Cola	○ Tee
○ Kaffee	○ Milch	○ Kaffee	○ Kaffee

11 Stell Fragen.

1. _____? – Es geht.
2. _____? – Ja, es geht mir gut.
3. _____? – Nein, danke. Ich trinke nichts.
4. _____? – Ja, gern.
5. _____? – Ja, eine Cola trinke ich gern.
6. _____? – Nein, ich möchte lieber eine Tasse Tee.

12 Welche Verben passen? Ergänze in der richtigen Form.

Wie _____ du?	haben
Wie _____ es dir?	liegen
_____ Sie was trinken?	möchte(n)
Ich _____ ein Glas Wasser.	heißen
Was _____ das? _____ das dein Computer?	gehen
Familie Weigel _____ in Augsburg.	trinken
Das _____ bei München.	sein
Was _____ du in München?	wohnen
Marisa _____ 15.	machen
Sie _____ drei Geschwister.	

13 Richtig schreiben. Ergänze.

ss oder s: Wa_____ möchtest du? Ein Gla_____ Wa_____er?

sch oder ch: Hier ist eine Fla_____e mit Mil_____ .

e oder ee: Ich nehme T_____ oder nein, lieber eine Tass_____ Kaff_____ .

o oder oh: Im W_____nzimmer ist eine D_____se C_____la.

Herr Bauer hat einen S_____n und eine T_____chter.

98 achtundneunzig

Wortschatz Modul 2 (Lektion 1–2)

Hier findest du die Einzelwörter und die Sätze aus den Lektionen Seite für Seite.
Bei Substantiven steht auch die Pluralform. Ganz links findest du die Seitenzahl im Kursbuch.
Schreib die Übersetzung in die rechte Spalte.

	Lektion 1:		**Meine Sprache**
42	das Haus, die Häuser	das Haus von Familie Weigel	
	das Zimmer, die Zimmer		
	das Schlafzimmer, die Schlafzimmer		
	groß	Das Schlafzimmer ist nicht groß.	
	sehr	sehr groß	
	das Wohnzimmer, die Wohnzimmer		
	gemütlich	Das Wohnzimmer ist sehr gemütlich.	
	die Küche, die Küchen		
	praktisch	Die Küche ist praktisch.	
	klein		
	aber	Die Küche ist klein, aber praktisch.	
	das Bad, die Bäder	Das Bad ist auch klein.	
43	das Arbeitszimmer, die Arbeitszimmer	Das Arbeitszimmer ist sehr groß.	
	der Abstellraum, die Abstellräume		
	nützlich	Der Abstellraum ist sehr nützlich.	
	der Garten, die Gärten		
	schön	Der Garten ist sehr schön.	
	er	Er ist nicht groß.	
	sie	Die Küche: Sie ist klein.	
	es	Das Bad: Es ist sehr klein.	
44	Was?	Was ist das?	
	das Bett, die Betten	Das ist mein Bett.	
	der Schrank, die Schränke		
	der Tisch, die Tische		

neunundneunzig

der Stuhl, die Stühle

die Dusche, die Duschen

der Computer, die Computer

das Sofa, die Sofas

das Regal, die Regale

der Baum, die Bäume

die Lampe, die Lampen

45 die Gruppe, die Gruppen

bekommen — Eine Gruppe bekommt Karten mit Zimmern.

die Möbel (Plural)

46 kein, keine, kein

kein…, sondern — Das ist kein Stuhl, sondern eine Lampe.

47 blau

rot

grün

oder — Blau, rot oder grün?

falsch — Das ist falsch!

notieren

48 das Heft, die Hefte — Notier das in deinem Heft.

wirklich — Das Haus ist wirklich sehr schön.

essen

fernsehen

hier — Wir essen und sehen hier fern.

ziemlich — Die Küche ist ziemlich klein.

leider

das Kinderzimmer, die Kinderzimmer — Das Kinderzimmer ist leider nicht sehr groß.

m² (= der Quadratmeter) — Der Garten ist 2000 m² groß.

das Silbenrätsel, die Silbenrätsel

finden — Wie viele Wörter findest du?

denken an		
der Großbuchstabe, die Großbuchstaben	Denk an die Großbuchstaben!	
sagen		
man		
die Sprache, die Sprachen	Wie sagt man in deiner Sprache?	
49 Na, …	Na, was ist denn das?	

Meine neuen Wörter

Lektion 2: Meine Sprache

50	der Besuch, die Besuche	Wir haben Besuch.
	kommen	
	rein	Bitte, kommen Sie rein.
		Wie geht's?
		Und wie geht's Ihnen?
	danke	Danke, mir geht's gut.
		Danke, es geht.
51	die Hausaufgabe, die Hausaufgaben	Tina macht Hausaufgaben.
	trinken	
	möchte(n)	
	was (= etwas)	Möchten Sie was trinken?
	die Tasse, die Tassen	
	der Kaffee (Singular)	Möchten Sie eine Tasse Kaffee?
	gern(e)	– Gerne. – Nein, danke.
	gehen	
	zu	Ich gehe zu Tina.
	schlecht	Es geht mir schlecht.
	sehr schlecht	Es geht mir sehr schlecht.
	nicht so gut	Es geht mir nicht so gut.
	sehr gut	Es geht mir sehr gut.
52	die Dose, die Dosen	
	die Cola / das Cola, die Colas	eine Dose Cola
	die Flasche, die Flaschen	
	das Mineralwasser (Singular)	eine Flasche Mineralwasser
	das Wasser (Singular)	
	das Glas, die Gläser	ein Glas Wasser
	die Milch (Singular)	ein Glas Milch
	der Tee, die Tees	eine Tasse Tee
53	lieber	Ich möchte lieber eine Tasse Tee.
54	das Internet (Singular)	

	der Internetanschluss, die Internetanschlüsse	Ich habe einen Computer mit Internetanschluss.
	schicken	Ich kann meinen Freundinnen E-Mails schicken.
55	besonders	Es geht mir nicht besonders gut.
	leidtun	(Das) Tut mir leid.
56	zuerst	
	der Block, die Blöcke	
	dasselbe	Mach dasselbe bei Block II.
57	eigen	Er hat sein eigenes Zimmer.
	der Schreibtisch, die Schreibtische	
	der CD-Player, die CD-Player	Ich habe einen CD-Player.
	der Platz, die Plätze	Ich habe genug Platz.
	die Gitarre, die Gitarren	Ich spiele Gitarre.
	die Musik (Singular)	Wir hören Musik.
	surfen	
	das Internet (Singular)	Wir surfen im Internet.
	lieben	Ich liebe mein Zimmer.

Meine neuen Wörter

Teste dein Deutsch! - Lösungen
Wortschatz und Grammatik

Modul 1

1. Zum Beispiel: der Opa, die Oma, der Vater, die Mutter, der Onkel, die Tante, der Bruder, die Schwester
2. Zum Beispiel: Stefan, Tina, Martin, Hans, Karin; München, Köln, Hamburg, Stuttgart, Augsburg
3. Sie / Er ist nett, blöd, doof, sympathisch, streng.
4. Tobias, wie ist deine Adresse? Wie alt bist du? Hast du Geschwister?
5. Frau Bauer, wo wohnen Sie? Wie ist Ihre Telefonnumer?
6. 1: heiße, 2: bin, 3: sind, 4: Meine, 5: mein, 6: meine, 7: mein, 8: Meine, 9: ist, 10: ist, 11: heißt, 12: wohnen, 13: liegt, 14: von, 15: wohnt, 16: sind